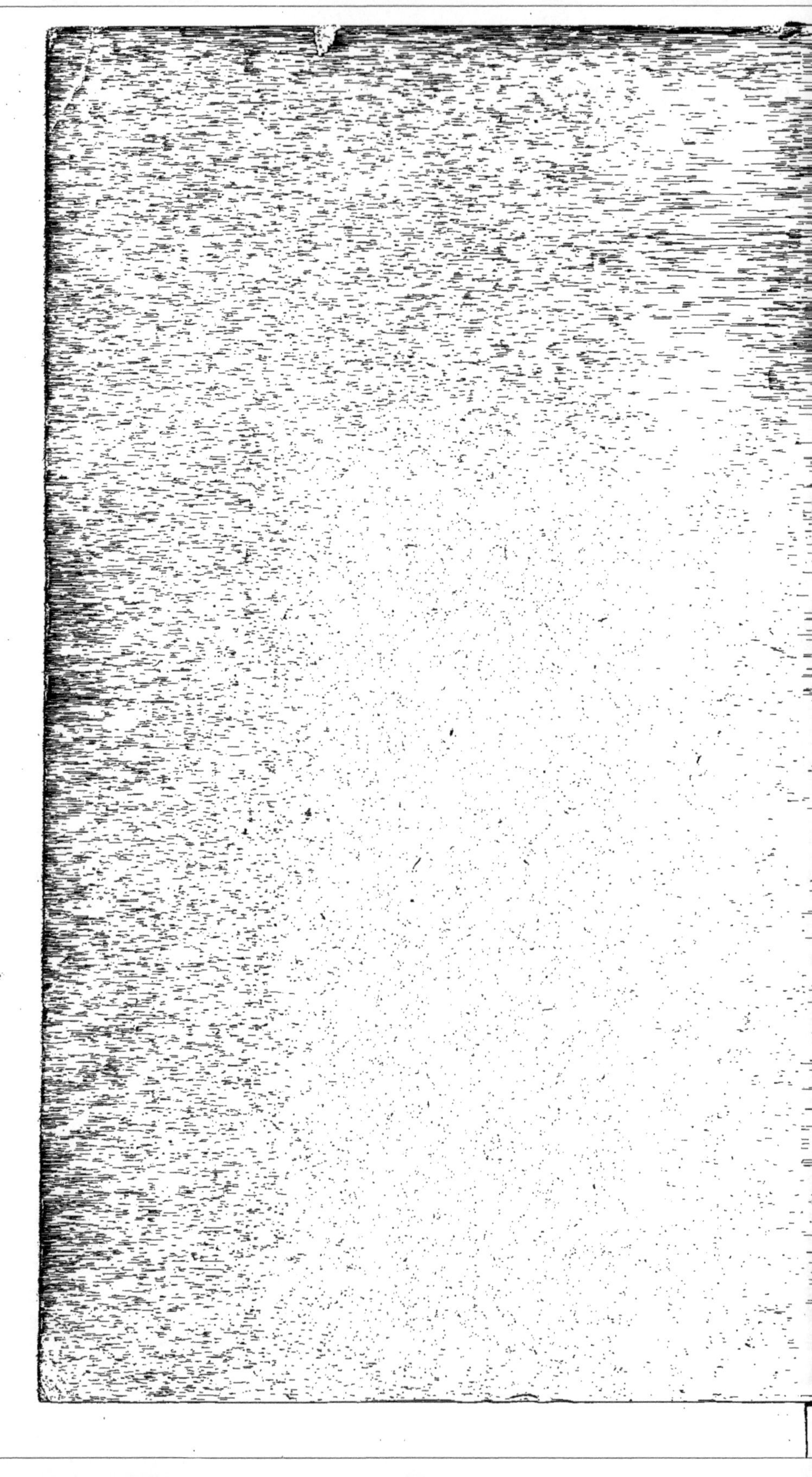

RAPPORT

À SON EXC. M. LE MINISTRE DE L'INSTRUCTION PUBLIQUE

SUR

L'ENSEIGNEMENT DE LA GYMNASTIQUE

DANS LES LYCÉES,

COLLÈGES, ÉCOLES NORMALES ET ÉCOLES PRIMAIRES.

Monsieur le Ministre,

Votre Excellence a institué, par un arrêté en date du 15 février 1868, une commission chargée, sous votre présidence, *de l'examen des questions relatives à l'enseignement de la gymnastique dans les écoles de l'Empire.*

Cette commission est composée de :

MM. le baron *Larrey*, président du conseil de santé des armées, membre de l'Institut, vice-président;

Mourier, inspecteur général honoraire de l'enseignement supérieur, vice-recteur de l'académie de Paris;

Pillet, chef de la division de l'enseignement primaire au ministère de l'instruction publique;

le colonel *Roux*, commandant le 9ᵉ régiment de ligne;

Jullien, proviseur du lycée du Prince-Impérial;

Gautrelet, chef de bataillon, commandant le 20ᵉ bataillon de chasseurs à pied;

Vergnes, capitaine instructeur de gymnastique du régiment des sapeurs-pompiers;

le docteur *Bouvier*, membre de l'académie impériale de médecine;

le docteur *Hillairet*, médecin de l'hôpital Saint-Louis et du lycée Saint-Louis;

de Fontaine de Resbecq, sous-chef du cabinet du ministre de l'instruction publique, secrétaire.

Pendant plusieurs mois, elle a étudié avec soin, dans des réunions nombreuses, les questions qui lui étaient soumises; elle a discuté la plupart des exercices qu'elle a fait exécuter devant elle avant de les adopter; elle s'est transportée dans plusieurs gymnases pour se rendre un compte exact des diverses méthodes d'enseignement et recueillir ce qu'il y a de préférable dans chacune. Les nombreux documents qui ont été adressés de diverses parties de la France, soit au cabinet de Sa Majesté l'Empereur, soit à Votre Excellence, ont été scrupuleusement analysés, ainsi que les renseignements si précieux et si instructifs sur l'enseignement de la gymnastique en Allemagne, en Suède, en Suisse, etc. etc. qui vous ont été transmis par M. le Ministre des affaires étrangères. Nous avons reçu M. le docteur Zimmerman un intéressant mémoire; M. le docteur *Dally*, est venu développer au sein de la commission une note marquable qu'il lui avait adressée au sujet de sa méthode gymnastique; et enfin le rapporteur a dû se présenter chez M. le docteur Zimmermann, seul représentant de la méthode de *Ling*, à Paris, pour obtenir des renseignements qui ont concouru à fortifier la commission dans la marche adoptée pour tracer le programme qu'elle vient aujourd'hui vous présenter.

Depuis plusieurs années, l'organisation de l'enseignement de la gymnastique dans les écoles de tous les degrés a été, Monsieur le Ministre, l'objet de vos constantes préoccupations. En multipliant la création d'établissements scolaires, vous avez fait pénétrer l'instruction dans toutes les classes de la société ainsi que le veut l'Empereur; mais en même temps que le travail intellectuel recevait un grand essort dans l'enfance et la jeunesse, vous vous êtes préoccupé, selon la pensée même de Sa Majesté, de cultiver, de développer l'éducation physique à l'aide d'un exercice méthodique fortement organisé.

Ce n'est pas la première fois que cette question d'hygiène, d'une si haute importance, attire l'attention du Ministre de l'instruction publique. Dès 1845 (le 21 octobre), M. *de Salvandy* chargeait une commission d'examiner l'utilité qu'il pourrait y avoir de répandre la gymnastique dans les écoles[2]; et le 7 novembre 1853, M. *Fortoul* en instituait une dont la tâche était « *d'indiquer les exercices gymnastiques les plus propres à développer les forces physiques de la jeunesse confiée aux lycées de l'Empire, et à la mettre en mesure d'accomplir sans fatigue le travail intellectuel qui lui était demandé.* » Le rapporteur de cette commission, M. le professeur Bérard, doyen de la faculté de médecine de Paris, dans un travail qui ne le cède en

[1] La commission a successivement visité le gymnase du régiment des sapeurs-pompiers dirigé par M. le capitaine Vergnes; le gymnase particulier de M. Pascaut, homme intelligent et professeur habile; le gymnase de l'hôpital des Enfants, si renommé grâce à la savante direction de M. Laisné; le splendide gymnase du lycée du Prince-Impérial. L'enseignement dirigé par M. le capitaine Vergnes est distribué par dix professeurs. Enfin, quelques-uns des membres de la commission ont visité séparément et officieusement les gymnases Triat, Paz, et le gymnase militaire de la Faisanderie dont l'organisation est si remarquée.

[2] Les travaux de cette commission sont restés inconnus.

bien à ses meilleurs écrits scientifiques, décrivit d'une manière magis-
trale le rôle important de la gymnastique sur le développement physique et moral de la jeunesse, en même temps qu'il fit connaître
physiologiquement l'action des exercices physiques sur l'accomplissement régulier des diverses fonctions qui concourent par leur harmonie à fortifier les organes et à entretenir la santé.

Aujourd'hui cette question prend de bien autres proportions. Il ne
s'agit pas seulement d'introduire la gymnastique dans les lycées et
collèges. Votre Excellence demande à la Commission « d'examiner
les questions relatives à l'enseignement de la gymnastique dans toutes les
écoles de l'Empire, et de lui présenter un programme méthodique des exercices
convenables aux divers âges et dans les diverses catégories d'établissements
scolaires. » De plus, la nouvelle loi sur le recrutement de l'armée im-
pose au moins en partie le service militaire à tous les citoyens; mais
l'article 9 de la loi dispense tous ceux qui connaissent suffisamment
les exercices militaires et le maniement des armes des réunions
obligatoires de la garde mobile. Vous avez pensé qu'il y aurait un
grand intérêt à ce que ces exercices, qui d'ailleurs sont enseignés dans
presque tous les gymnases publics de l'Europe et surtout en Allemagne, en Suisse, etc., fissent partie du programme que la Commission a été chargée de rédiger.

Les manœuvres militaires ne sont autre chose que des exercices gymnastiques préliminaires; elles complètent l'enseignement. L'introduction de la gymnastique méthodique dans l'éducation de la jeunesse doit
avoir pour but de compenser l'action, parfois débilitante, des travaux intellectuels; de concourir au maintien de la santé, d'accroître
les forces physiques, et surtout de donner à chacun cette confiance
en soi, cette force morale dont tout homme a besoin. Compléter ainsi
l'éducation de la jeunesse en donnant aux enfants des centres manu-
facturiers et aux enfants des grandes villes, dont la santé est si souvent fragile, dont la constitution est tardive, qui n'ont pas toujours
l'alimentation, l'air pur et la liberté, que réclame leur développement
physique et même intellectuel, les moyens convenables d'acquérir la
force; assurer aux enfants des campagnes qui, vivant à l'air libre, sont
plus robustes et mieux développés, l'adresse, l'agilité, la souplesse
qui leur manquent, ce n'est pas seulement résoudre une des plus
grandes questions de l'hygiène générale, c'est aussi concourir à l'élévation du niveau moral et à l'augmentation de la fortune publique.
L'accroissement des forces individuelles doit en effet dans un temps
donné fournir une somme plus considérable de travail physique et
intellectuel.

Depuis la promulgation de la loi sur le recrutement de l'armée,
l'opinion publique est devenue très-favorable à cette mesure qui est
considérée comme indispensable. Le nombre des mémoires, des

lettres, des documents de toute sorte, dont quelques-uns sont re-
marquablement conçus, adressés à Sa Majesté l'Empereur ou à
Votre Excellence, et dans lesquels on sollicite l'introduction de l'enseignement gymnastique et militaire dans les écoles de tous les degrés, est vraiment si considérable qu'il nous serait de toute impossi-
bilité d'en faire une analyse même sommaire. Ils ont été des éléments
utiles pour le travail de la commission.

CHAPITRE PREMIER.

§ 1ᵉʳ. Il serait hors de propos de tracer ici l'histoire détaillée de la
gymnastique, dont l'origine remonte aux temps les plus reculés,
puisque, selon le père Amyot (1779), elle était enseignée en Chine
sous le règne de *Hoang-ti* (2698 ans avant notre ère), sous la dénomination de *tao-ssé*, par les prêtres du *tao*, qui avaient pour maxime :
le perfectionnement de soi-même. C'est surtout dans l'antiquité grecque
et romaine qu'elle fut longtemps en honneur et très-diversement appliquée. A Sparte, on n'employait la gymnastique qu'au développement des forces physiques au moyen des palestres, de la pyrrhique,
tandis qu'à Athènes, où l'homme était considéré dans *sa double
nature physique et morale*, Platon enseignait des exercices mêlés de
chants, de danses et de leçons de philosophie. Sa division des mouvements peut encore soutenir un parallèle très-avantageux avec celles
des modernes gymnastes qui sont peut-être plus physiologiques, mais
n'en diffèrent pas essentiellement. Il recommande une gymnastique
simple et régulière, pose en principe que dans tous les exercices
gymniques, ainsi que dans les travaux corporels, l'homme doit avoir
pour but de développer la force morale plutôt que la vigueur physique. Il insiste surtout sur l'enseignement de la musique, parce que
« il se peut fort bien que l'une et l'autre aient été établies pour former
l'âme. »... « Ceux qui se livrent uniquement à la gymnastique y contractent une excessive rudesse, et ceux qui cultivent exclusivement la
musique sont d'une mollesse qui les dégrade; »... « leur harmonie rend
l'âme à la fois courageuse et modérée. » De la Grèce la gymnastique
fut bientôt importée à Rome, où elle fut cultivée jusqu'à la déca-
dence, puis en Perse et en Égypte. Galien la recommande et l'enrichit de préceptes utiles. Elle est enseignée ensuite presque partout
jusque vers le moyen-âge, puis successivement délaissée. Mais Rabelais n'a garde de l'oublier dans la discipline de Ponocrates [1].

---

[1] *Œuvres de Rabelais*, édition Jannet, livre 1, chapitre xxiii, p. 83.

On luy attachoyt ung cable en quelque haute tour, pendent en terre : por
iceluy avecques deux mains montoyt, puis devaloyt sy roidement et sy asseu-
rément, que plus ne pouvrier parmy un prè bien éguallé.

On luy mettoit une grosse perche appoyée à deux arbres; à ycelle se pen-

Vers la fin du XVII° siècle, un médecin éminent, Mercurial, de Vérone, pénétré des préceptes des anciens et convaincu de l'utilité de la gymnastique, la préconise de nouveau dans un livre devenu célèbre, où il décrit avec soin les exercices des gymnases de la Grèce et de Rome, sans omettre la naumachie. Ce livre reste comme le trait d'union entre la gymnastique antique et la gymnastique moderne, dont il est en quelque sorte le précurseur. Après lui, le docteur Andry, le docteur Tissot en France et divers autres savants en Allemagne la recommandèrent, mais ne réussirent pas à persuader leurs contemporains de l'immense utilité des exercices réglés. Cependant on n'avait pas cessé d'enseigner l'escrime, l'équitation, la natation, etc. Le seul but que l'on se proposait alors était moins de former l'homme selon sa double nature physique et morale, ainsi que le disait Platon, que de lui faire acquérir la vigueur corporelle et de le mettre en état de combattre corps à corps.

Toutefois, l'impulsion était de nouveau donnée à la science des mouvements. Les travaux des médecins que nous venons de nommer ne devaient pas rester stériles.

Luther avant eux avait dit : « il est essentiel que la jeunesse se livre à la musique et aux nobles jeux de la chevalerie ; la musique chasse les chagrins et la mélancolie ; la gymnastique produit, au contraire, une membrure forte et robuste tout en entretenant le corps à l'état de santé ; elle peut empêcher la jeunesse de s'abandonner à la paresse, à la débauche, à la boisson et au jeu. » Plus tard notre *Montaigne* préconise l'équitation, l'escrime, la chasse, la natation, comme constituant la partie la plus essentielle d'un système d'éducation ; ce n'est pas seulement ou une âme ou un corps, qu'il importe de former, mais un homme. La parole de Luther, répétée et transmise par ses disciples, les préceptes si sages de Montaigne, frappèrent en Allemagne quelques bons esprits dont l'unique pensée était portée vers l'éducation de la jeunesse, et bientôt on vit se fonder quelques établissements, tels que celui de Basedow de Dessau, qui avait été devancé par Pestalozzi, en Suisse, en sorte que l'on peut dire que l'Allemagne et la Suisse sont le berceau de la gymnastique moderne.

« Dans le dernier quart du XVIII° siècle[1], Pestalozzi, le premier en

doyt par les mains, et d'ycelle alloyt et venoyt sans des pieds à rien toucher, que à grande course on ne l'eust peu accompanoir.

. . . .

Et pour gualentir les nerfs on lui avoyt faict deux grosses saulmones de plomb chascune du poys de huyt et mille sept cens quintaux, lesquelles il nommoit altères. Ycelles prenoyt de terre en chascune main et les eslevoit en l'air au-dessus de la teste et les tenoyt ainsi sans soy remuer trois quarts d'heure et davantage, que estoit une force inimitable....

[1] Note de M. le Docteur Bouvier.

Europe, fit concourir la gymnastique à l'éducation de la jeunesse dans son institution d'Yverdun, en Suisse; il a devancé sous ce rapport tous les gymnasiarques modernes, comme il les a devancés par l'époque de sa naissance : il était né en 1745. »

« L'exemple de Pestalozzi inspira des professeurs spéciaux de gymnastique tant en Suisse qu'en Allemagne.

« Le plus célèbre de ce temps-là est Gutsmuths qui, né en 1759, suivit de près l'instituteur d'Yverdun. En 1786, il créa avec Salzmann un gymnase en Saxe, à Schnepfenthal, et quelques années après, en 1793, publia le premier traité de gymnastique moderne, traité complété, mais non effacé par ceux qui lui ont succédé.

« Quand ce livre parut, la Suisse, l'Allemagne, possédaient plusieurs établissements où la gymnastique était enseignée comme à Schnepfenthal. Ils se multiplièrent encore après la publication du traité de Gutsmuhts. Mais jusqu'à la fin du dernier siècle, aucun autre pays de l'Europe n'imita la Suisse et l'Allemagne. »

« En 1799 seulement, le gouvernement danois institua à Copenhague un gymnase public dirigé par Natchtigall.

« Ainsi, quand s'ouvrit le xix° siècle, trois États en Europe étaient seuls pourvus de gymnases : c'étaient la Suisse, l'Allemagne et le Danemarck.

« On peut appeler première période de la gymnastique moderne celle qui comprend les vingt-cinq dernières années du xviii° siècle, et les hommes à qui l'on doit cette renaissance de la gymnastique forment la première génération des gymnasiarques modernos [1].

« La deuxième période correspond au premier quart de notre siècle. Elle est occupée par la deuxième génération des gymnasiarques. Celle-ci, se personnifie en quelque sorte en quatre professeurs qui peuvent représenter tous les autres : Ling, Jahn, Clias et Amoros, tous quatre sont morts; ils étaient tous quatre contemporains. Ling était né en 1777, Jahn en 1778, les autres vers le même temps.

« Chacun d'eux eut son cachet particulier.

« Jahn voulait faire de la gymnastique un moyen de propagande et d'émancipation des peuples. Après avoir contribué avec ses disciples, en 1813, à l'affranchissement de l'Allemagne, qui subissait notre joug, il voulut aussi la délivrer du despotisme de ses gouvernements nationaux. Il finit par se faire emprisonner; le gouvernement prussien ferma tous les gymnases. »

Le premier gymnase de Jahn fut ouvert en 1810. Son but était le rétablissement de l'équilibre entre les forces du corps, tout en rendant à la « nature intellectuelle la vie physique qui lui manque »; sa devise

---

[1] Selon le docteur Kloss, l'*Émile* de J.-J. Rousseau, qui avait eu un grand succès en Allemagne, n'a pas été étranger à cette renaissance de la gymnastique.

était « *Liberté, autonomie, gloire de la patrie.* » Dans un traité de gymnastique allemande, il cherche à démontrer l'influence de la gymnastique sur la formation du corps et de l'âme, sur le développement de l'intelligence et de la force de volonté, d'où naissent toutes les vertus. Sa gymnastique était pourtant toute militaire et athlétique. Ses préceptes furent enseignés par plusieurs de ses élèves, Eiselen, Friezen, etc. etc. etc.; mais il eut de vigoureux antagonistes, et entre autres le professeur Kneusen, qui nièrent que sa méthode pût jamais contribuer au développement intellectuel et moral de la jeunesse. Ce fut en 1819 que tous les gymnases de la Prusse furent fermés à la suite de l'attentat de Georges Sand [1], dans lequel Jahn fut à tort impliqué. Ils ne se rouvrirent qu'en 1828. Le premier, dirigé par Maszmann, élève de Jahn, fut institué à Munich, par les soins du gouvernement bavarois. En même temps, le docteur *Klumpf* fut appelé à diriger le gymnase de Stutgard, et plus tard, en 1840, un autre gymnase s'ouvrit à Dresde, sous la direction de Werner, dont la gymnastique, par trop théâtrale et charlatanesque, ne devait pas avoir un grand succès. L'ouvrage de Lorinzer : « *Protection de la santé dans les écoles* », et celui de Koch contribuèrent à la répandre dans toute l'Allemagne. Ce fut seulement en 1842 que le roi Guillaume IV décréta de nouveau l'enseignement de la gymnastique en Prusse, et appela Maszmann de Munich à diriger le grand établissement de Berlin. Dès lors la gymnastique continua à se développer régulièrement et progressivement en Allemagne; elle y devint obligatoire. La Saxe comptait en 1848, cent cinquante établissements.

« L'histoire de Ling [2] est assez curieuse. C'était un étudiant de l'université d'Upsal dans les cinq ou six dernières années du xviii° siècle. En 1801, il prend part à la bataille navale de Copenhague, perdue par les Danois contre les Anglais. Il y contracte une impotence du bras droit, dont il se guérit en faisant des armes. De ce moment, il se prend de passion pour l'escrime et bientôt il y excelle si bien, qu'on le voit en 1805 maître d'escrime à l'université de Lund, en même temps que professeur de mythologie et de poésie scandinaves à l'université de Stokholm. A Lund, il étudie l'anatomie et la physiologie; il médite de plus en plus sur les ressources que la gymnastique peut fournir à la médecine; il invente des procédés nouveaux tenant à la fois de la gymnastique et du massage. Enfin, en 1814, le gouvernement suédois fonde pour lui, à Stockholm, un gymnase modèle, non moins médical que pédagogique. Le bruit de ses cures se répand; on l'imite en Prusse et dans d'autres États allemands, et la médecine s'enrichit d'une branche nouvelle : *la Kinésithérapie.*

[1] Assassinat de Kotzebüe.

[2] Note de M. le docteur Bouvier.

« M. Branting, élève de Ling, lui a succédé à Stockholm et continue
son œuvre avec un grand succès de renommée.

« Clias, de Berne, était peut-être le plus ancien chef quatre gymnasiarques de cette deuxième génération. Il montrait déjà les exercices
de son triangle en 1806 et en 1807, lorsque Ling ne s'occupait
encore que d'escrime. Il est douteux qu'il soit jamais allé à Stockholm,
et la gymnastique médicale de Ling paraît lui être restée inconnue.
Clias publia en 1816 son premier ouvrage de gymnastique, résumé de
l'enseignement auquel il se vouait déjà depuis plusieurs années.

« C'était en cette même année, 1816, qu'Amoros, qui avait dirigé
un gymnase à Madrid, venait doter la France de tous les avantages
de la gymnastique moderne, sauf les nouveaux procédés de Ling,
qu'il ne connaissait pas plus que Clias.

« Clias et Amoros, dès ce moment, luttèrent d'ardeur pour propager
la pratique de la gymnastique, soit militaire, soit pédagogique. Clias
fit des élèves en Angleterre, et à un âge assez avancé, vint à Paris
provoquer, en dépit de tous les obstacles, l'emploi populaire de la
gymnastique, et en particulier son introduction dans l'enseignement
primaire.

« Les principaux gymnasiarques de l'époque actuelle, ceux qu'on
peut appeler de la troisième génération, se sont formés à l'école de
ces quatre maîtres ou de quelques-uns de leurs contemporains moins
connus. »

Parmi les innovateurs les plus célèbres et les plus récents, il est
juste de citer Adolphe Spiess, qui fonda, vers 1842, l'école de gymnastique de Burgdorff, dans le canton de Berne, et dont la méthode
compte aujourd'hui, comme celle de Ling, beaucoup de partisans en
Allemagne et en Suisse.

Mais laissons pour un instant la science des mouvements se propager en Allemagne. Nous y reviendrons pour établir, d'après les documents qui vous sont parvenus, Monsieur le Ministre, l'état actuel
des progrès accomplis.

En 1847, la gymnastique est importée en Russie, où l'Empereur
concourt, par un don de 10,000 roubles, à l'édification d'un gymnase
à Pétersbourg, sous la direction de de Ron, et le docteur Bergholm
est chargé de l'enseignement officiel à l'université d'Helsingfors. Déjà
depuis longtemps, Clias l'avait importée en Angleterre, où elle se
propage lentement; et l'émigration allemande la faisait connaître en
Amérique, où de nombreux gymnases se sont bientôt établis à New-
York, Philadelphie, etc.

La France est-elle donc restée en retard dans cette renaissance de
l'enseignement gymnastique? L'Allemagne et la Suisse, avons-nous dit
avec M. Bouvier, ont été le berceau de la gymnastique moderne; mais
avant que l'Allemagne se mît en mouvement, des savants français

fréquemment, dans leurs écrits, d'en poser les principes les plus utiles et
tentant de la propager. Tissot (1780)[1] publie un livre des plus
remarquables, dans lequel il donne l'explication de tous les mouvements, montre leur influence sur le développement du corps et crée
des exercices qui sont devenus classiques, parmi lesquels se trouvent
tous ceux que l'on fait exécuter aujourd'hui avec la barre à sphères,
ou la canne, et auxquels la commission a fait une large part dans le
programme de la gymnastique des jeunes filles surtout.

Après avoir décrit quelques exercices, Tissot ajoute pour ce qui
concerne la barre à sphères ou la canne : « Si ces exercices paraissent
trop violents, eu égard à l'âge et à la faiblesse, on pourrait, en attendant que les enfants eussent acquis assez de forces, leur présenter un
bâton assez long pour leur faire tenir horizontalement par les deux
extrémités, les bras étendus; par ce moyen les muscles pectoraux
étant contractés longtemps et souvent, ils contribueront également à la
dilatation du thorax.

« Ce petit exercice peu fatigant est encore propre à faire allonger
les muscles et à faire rejeter en arrière les épaules des enfants qu'on
a trop serrés par l'usage du maillot, etc. etc. »

D'autres médecins s'en occupèrent aussi, inspirés qu'ils étaient
par les écrits de Desessart et l'*Émile* de J.-J. Rousseau. Mais des événe-
ments graves devaient bientôt entraîner pour longtemps les esprits loin
des méthodes destinées à l'éducation de la jeunesse, et ce ne fut que
vers les premiers temps de la restauration que vinrent, à peu près à
la même époque, en France, des deux gymnastes célèbres, Amoros
et Clias, qui avaient pris une si grande part au mouvement de renaissance de la gymnastique en Allemagne. Tous deux étaient élèves de
Pestalozzi. Tous les deux établirent des gymnases qui furent très-
fréquentés et qui attirèrent l'attention du Gouvernement, des savants
et des gens du monde. Amoros fonda, avec l'assistance du Gouvernement, à Paris (Grenelle), un gymnase, où il fut bientôt chargé de
l'enseignement de la gymnastique à l'armée et d'où sortirent des élèves
remarquables que l'on compte aujourd'hui parmi les maîtres les plus dis-

---

[1] La plupart de ceux qui ont écrit sur la gymnastique ont commis l'erreur
d'attribuer au docteur S. A. D. Tissot, professeur à Lausanne, le *Traité de
gymnastique médicinale et chirurgicale*. Le véritable auteur de ce livre est J. C.
Tissot, chirurgien-major des chevau-légers, qui conquit plus tard un grade
élevé dans la médecine militaire.

Le premier, après avoir fait ses études à Montpellier, y fut reçu docteur en
1749. Il a écrit *la Dissertation sur l'onanisme* (1769), un *Essai sur la santé des
gens du monde* (1782), etc., etc. Il avait cinquante et quelques années lorsque
J. C. Tissot, à peine âgé de trente-cinq ans, fit paraître en 1780 son *Traité de
gymnastique*, à l'occasion duquel on l'accusa, à juste raison, d'avoir pris à
Audry, sans même le citer, les exercices que nous avons indiqués ci-dessus.

tingués : M. Laisné, M. le colonel d'Argy, M. le capitaine Vergnes, M. le capitaine de Féraudy, etc. Son enseignement était par trop athlétique. Amoros publia un traité de gymnastique fort étendu, qui est aussi très consulté, et où l'on retrouve la plupart des exercices mis en pratique dans tous les gymnases de l'Europe.

Clias fit surtout de la gymnastique pédagogique ; sa méthode, beaucoup plus simple, ne nécessitait qu'un petit nombre d'instruments ; elle fut adoptée pour les écoles primaires de la ville de Paris, où jusqu'à un âge très avancé il se voua à l'éducation physique de l'enfance.

Amoros et Clias sont en quelque sorte les maîtres de l'école française.

Plus tard, le colonel d'Argy et M. Napoléon Laisné furent chargés de l'organisation de l'école de gymnastique militaire de la Faisanderie[1]. Dès lors la gymnastique commença à se généraliser ; des gymnases particuliers se fondèrent à Paris et dans la plupart des grandes villes.

L'assistance publique édifia des gymnases couverts et en plein air dans ses hôpitaux d'enfants, lorsque déjà depuis plusieurs années les écoles de Saint-Cyr et de la Flèche étaient en possession d'établissements modèles. Enfin, après quelques années d'attente, employées à constater les avantages des exercices gymnastiques, parut le décret de 1854, qui rendait la gymnastique obligatoire dans les lycées de l'Empire.

Pendant tout ce temps (de 1819 à 1854), les médecins, les savants ne restèrent point étrangers au progrès qui s'opérait dans l'éducation de la jeunesse. Parmi les travaux les plus remarquables, il faut citer le traité de gymnastique de Londe, le livre de Dally, le traité de gymnastique de Napoléon Laisné et Barthélemy Saint-Hilaire, le petit traité du colonel d'Argy ; les rapports de Bally et surtout de notre éminent collègue, M. le docteur Bouvier (sur la *Gymnastique* de Clias, Académie de médecine, 1845 ; et sur le mémoire de M. Blache (*Traitement de la chorée par la gymnastique*, 1865), dont l'autorité est si grande en pareille matière, et qui est un de ceux qui ont le plus contribué à la vulgarisation de la gymnastique. En outre, les travaux de Royer-Collard, Bouchardat, Tardieu, Michel Lévy, Foissac, Demarquay et d'un grand nombre de médecins ; les thèses nombreuses qui ont été présentées dans les diverses facultés de l'Empire constituent certainement un bagage assez considérable et aussi scientifique que celui de l'Allemagne, sans parler de tous les traités spéciaux et des rapports nombreux qui ont été adressés à votre ministère.

§ 2. Mais en Allemagne et en Suisse, la gymnastique est entrée bien mieux qu'en France dans les mœurs et les habitudes de la po-

---

[1] M. de Féraudy était à cette époque attaché au gymnase du fort de la Faisanderie en qualité de lieutenant.

pulation. Les gouvernements de ces pays, le gouvernement prussien surtout, l'ont rendue obligatoire dans toutes les écoles, et de plus ont fait élever des gymnases publics, mettant ainsi à exécution la pensée de Gutsmuths, qui la considérait comme la meilleure préparation aux exercices militaires.

En Prusse, l'enseignement de la gymnastique est du ressort du ministre des cultes, de l'instruction et de l'hygiène publique; il a été réglé récemment par une ordonnance du 21 mars 1862, dont les éléments sont empruntés au Guide de la gymnastique dans les écoles primaires publiques et par le règlement du 29 mars 1866. Ce règlement prescrit l'examen *gouvernemental* à Berlin, pour les professeurs de gymnastique qui n'ont pas été formés à l'école centrale de cette ville, véritable école normale des professeurs de gymnastique prussiens.

« Quant aux exercices gymnastiques eux-mêmes, dans les écoles, ils sont aussi simples que possible et on a soin d'en bannir tout ce qui pourrait ressembler, même de loin, à des productions athlétiques. Quand les enfants ont suivi le cours de gymnastique dès l'âge de huit ans, pendant six années consécutives, ils sont parfaitement, en ce qui concerne la marche et les évolutions, à la hauteur des soldats les mieux exercés. Il ne leur reste plus qu'à apprendre le maniement du fusil, avantage inappréciable dans un pays où tout homme doit être soldat, au moins pendant une année. La leçon de gymnastique, qui a lieu deux fois par semaine au minimum, est celle qu'ils attendent le plus impatiemment, et leur défendre d'y prendre part est l'une des punitions les plus sensibles pour les enfants de tout âge[1]. »

Indépendamment de son gymnase central, dont le directeur est M. Stocken (enseignement surtout militaire), la ville de Berlin a dépensé 450,000 francs pour la construction d'un gymnase municipal à la tête duquel est placé M. le docteur Angersthein. Les autres villes qui ont les plus grands gymnases sont : Cologne, directeur Lohmüller (enseignement éclectique), Leipzick, excellents cours d'adultes, etc. etc.

« Mais quelle que soit la méthode employée partout en Allemagne, l'enseignement de la gymnastique est un plaisir pour la jeunesse, qui s'y fortifie physiquement et moralement. Il est passé dans les mœurs et fait partie intégrante de l'éducation. A la fin de la plupart des leçons, les élèves défilent en colonne serrée en entonnant un de leurs chants de gymnastes (turnlieder); et plusieurs fois par an, les jours de fête ou de congé, ils se réunissent dans la campagne pour s'y livrer à des jeux dirigés par les maîtres et propres à développer la souplesse, l'adresse, la force, partant la confiance des jeunes gens en eux-mêmes.

---

[1] Note de Lohmüller.

et quand on a assisté à ces leçons et à ces fêtes, on comprend que les gymnastes s'efforcent de rester fidèles à leur devise, les quatre F formant carré, que l'on remarque au-dessus de la porte d'entrée de chaque gymnase ainsi que sur leurs bannières, et qui signifient : *Frisch*, frais ; *frei*, libre ; *frölich*, gai ; *fromm*, pieux.

Ainsi, les plus grands centres de la Prusse sont pourvus de gymnases parfaitement organisés appartenant aux villes ou au gouvernement, indépendamment des établissements particuliers qui sont très-nombreux, et l'enseignement de la gymnastique, obligatoire comme l'enseignement intellectuel, est distribué à tous les enfants sans exception.

« La gymnastique, en effet, pratiquée dès l'enfance, fortifie les races, les empêche de dégénérer physiquement, et forme des populations viriles également propres aux travaux de la paix et à ceux de la guerre [1]. »

Depuis longtemps, en Saxe, la gymnastique est obligatoire, non-seulement dans les écoles d'enseignement secondaire, mais aussi dans les écoles primaires. Leipzick est en possession d'une association de gymnastes (turnverein) très-puissante et très-suivie, de laquelle toutes les classes de la société font partie. Le gouvernement saxon, voulant encore développer le goût des exercices physiques, a réorganisé son école normale de gymnastique à Dresde, et désormais nul ne peut être professeur sans avoir fait preuve de capacité, dans des examens très-sérieux, pour l'obtention d'un diplôme. Tous les instituteurs primaires sont appelés à passer dans cette école quelques mois, après lesquels ils subissent un examen de capacité. Le *turnverein* de Leipsick fournit des professeurs spéciaux pour les différentes villes et les écoles secondaires. L'école normale de Dresde, dirigée par le docteur Kloss (enseignement éclectique, méthodes de Spiess et de Ling), est à la fois destinée à l'instruction des professeurs spéciaux et des instituteurs primaires. La gymnastique est en grand honneur en Saxe dans toutes les classes de la société. Elle est, en ce qui concerne les établissements pédagogiques, dans les attributions du ministère de l'instruction publique et des cultes, et du ministère de l'intérieur pour tout ce qui tient aux associations et à l'enseignement libre. En outre de cette organisation qui rend en quelque sorte la gymnastique obligatoire et qui y fait participer toutes les classes de la population (les garçons et les jeunes filles), la littérature saxonne s'est enrichie depuis quelques années de traités de gymnastique publiés par des hommes d'un grand mérite, tels que le docteur Kloss, Rothstein, etc.

Comme dans toute cette partie de l'Allemagne, la gymnastique

---

[1] Consulat de France à Cologne ; dépêche du 9 avril 1868 ; note du professeur Lohmüller, directeur de l'enseignement gymnastique à Cologne.

est en grand honneur aussi depuis longtemps dans le Wurtemberg ; mais bien qu'elle fût généralement très-suivie, même dans les écoles primaires, le gouvernement l'a rendue obligatoire. Elle est dans les attributions du ministère de l'instruction publique et surveillée par le conseil des hautes études. L'enseignement est aujourd'hui uniforme et basé sur une méthode rationnelle bien déterminée. Cette mesure remonte à 1863, époque à laquelle le royaume de Saxe a créé son école normale à Dresde. C'est dans l'ordonnance datée du 3 février de la même année qu'est édicté le règlement pour l'instruction des professeurs et pour l'obtention des diplômes. L'école normale de gymnastique de Stuttgard est en plein air. Mais, afin de pouvoir exercer les futurs maîtres pendant l'hiver et en faciliter l'accès au public, les chambres wurtembergeoises ont voté une somme de 60,000 florins pour la construction d'un turnhall (gymnase couvert), et depuis, des salles analogues, mais moins vastes, ont été construites à Fremdenstadt, Goppingen et Heilbroun. On en construit actuellement à Esslingen, Gmund et Nurtingen. Dans les petites localités, on a approprié des locaux convenables, et l'intention du Gouvernement est que chaque ville, chaque petite agglomération soit dotée d'une salle suffisante. Enfin, ce qui montre jusqu'à quel point le gouvernement est désireux de propager cet enseignement, ce sont les sommes portées au budget du ministère de l'instruction publique avec affectation spéciale à l'établissement des écoles normales de gymnastique, aux appointements des professeurs donnant des leçons au public, et aux subventions aux communes pour récompenser les professeurs à leur charge : 1868, 22,000 florins, 1869, 23,000 florins ; 1870, 24,000 florins.

Une association est formée entre tous les maîtres de gymnastique et affiliée à la grande association allemande [1].

[1] Voici les règlements que le gouvernement wurtembergeois a fait paraître sur l'enseignement de la gymnastique dans les institutions publiques placées sous la surveillance du conseil supérieur des études [1].

La gymnastique est réorganisée d'après le système de Spiess
(Spiess'schen system).

« I. L'enseignement de la gymnastique constitue une partie organique de l'éducation publique dans les écoles savantes et professionnelles, et doit être donné à partir de dix ans.

« 1° Les élèves ordinaires sont obligés d'y prendre part en étudiant les termes et en participant à l'enseignement de la gymnastique. Ils ne peuvent en être dispensés que sur un certificat de médecin.

« 2° Les exercices gymnastiques se font sans interruption pendant toute l'année classique. Il y a quatre heures d'études par semaine.

« Les divisions pour l'enseignement de la gymnastique doivent concorder

[1] Turn-Ordnung fur die den Konigl. Studienrath unterstellten offentlichen Unterrichtsanstalten.

Le duché de Hesse-Darmstadt est aussi avancé que le Wurtem-berg. En 1865, une école normale y a été créée, et la gymnastique est

avec celles des classes de l'école. Le plus grand nombre d'élèves pouvant être réunis dans une division est de quarante. Si ce nombre est moindre dans une classe de l'école, on peut le compléter par des élèves pris dans les classes voi-sines.

« 4° Les heures de gymnastique tombent dans la série des autres heures de classe. Elles doivent être espacées de telle sorte que chaque classe de gymnas-tique ait une heure de cours par jour et que les après-midi du mercredi et du samedi restent libres.

« 5° La gymnastique constitue une partie des examens des écoles et des cer-tificats d'études.

« II. Les exercices pratiques se composent :

« 1° *Exercices d'ordre*, dans lesquels toute une division se meut et s'exerce en même temps, d'après le commandement des maîtres. On doit choisir parmi ces exercices ceux qui ont en même temps une valeur pratique et qui se trouvent en rapport avec les idées de tactique.

« 2° Des *Gelenkübungen* (exercices libres), qui sont également considérés comme des exercices communs;

« 3° Courir, sauter, jeter au loin, viser un but et lutter;

« 4° Les exercices du chevalet, barres, mâts branlants et échelles ne sont pas faits pour les basses classes, parce qu'ils pourraient avoir une mauvaise influence sur le développement du corps. Ils ne doivent être appliqués qu'aux élèves plus âgés. Mais, pour ceux-ci même, il faut choisir les exercices et écar-ter ceux qui n'ont qu'un intérêt de parade;

« 5° A seize ans, on introduit dans la gymnastique les armes et l'exercice, ainsi que les essais de tir.

« On continue en même temps la gymnastique, mais en diminuant les heures qu'on y consacre pour ceux qui se livrent à ces nouveaux exercices.

« L'été on peut joindre la natation et l'hiver le patinage.

« Il est recommandé aux maîtres, dans les après-midi libres des demi-con-gés de la semaine, de faire de temps en temps de grandes marches et d'orga-niser des jeux gymnastiques.

« IV. L'institut des maîtres de gymnastique créé à Stuttgard s'occupe de l'intruction des maîtres et des candidats maîtres (élèves-maîtres). Il est à sou-haiter que dans chaque maison d'éducation un ou quelques-uns des maîtres ordinaires puissent enseigner la gymnastique comme une partie de leur tâche, que l'on comptera soit dans les heures ordinaires de classe, soit en les rému-nérant à part.

« Lorsque cette mesure ne pourra pas être prise, il faudra placer des maîtres spéciaux.

« Dans toutes ces écoles, les maîtres de gymnastique doivent avoir un salaire suffisant. Un maître de gymnastique ne doit pas avoir à donner plus de vingt-quatre heures par semaine.

« V. Il faut une salle suffisamment grande, claire, pouvant être chauffée, autant que possible, à l'extrémité de l'école. Le milieu de cette salle, limité par des poteaux placés aux angles, doit rester libre avec une arène pour la course, etc. Le sol garni de planches doit avoir 60 mètres de long et 42 de

devenue obligatoire dans toutes les écoles publiques et privées. La
large, et la salle entière 90 mètres 60. Dans des conditions moins avantageuses,
on peut se contenter d'une salle de 70 mètres 50, avec une arène centrale de
40 mètres 30. Les appareils doivent être placés dans le pourtour et être mobiles. Lorsque l'hiver arrive, il faut se contenter d'une grande pièce ou d'un
couloir, où l'on ne doit introduire les appareils qu'au fur et à mesure des besoins. Pour les exercices en plein air, il faut une grande place avec un grand
espace libre au centre et une piste libre autour. Il faut une paire de barres de
fer, un certain nombre de boules en fer 1/2-40 et des poids de 15-75 livres,
une série de barrières, un chronomètre (pendule à secondes), une règle pour
mesurer, un emplacement pour sauter, un but, une barre suspendue, des
balles, etc. etc. Pour les élèves plus grands, des chevalets, des barres, des
cordes et des échelles. Dans les endroits où l'on a moins d'espace, des poids,
des barres suspendues, des boules, etc. etc.

« Pour faciliter aux écoles l'instruction de la gymnastique, le ministère peut
prendre à sa charge la moitié des frais d'entretien des maîtres aussi bien que
de l'installation. On peut aussi élever le taux de l'écolage.

« Stuttgart, le 5 février 1863.

Le Ministre des Cultes et des Écoles,
Signé : GOLTHER.

Voici maintenant l'instruction *imprimée* du conseil royal des études qui suit
la nouvelle ordonnance sur la gymnastique :

« La gymnastique doit être considérée comme enseignement obligatoire des
écoles. Dans les écoles où le nouveau système est appliqué, le nombre de
deux heures employé jusqu'ici est porté à quatre. Les deux heures nouvelles
doivent être retranchées D'AUTRES ÉTUDES POUR NE PAS SURCHARGER LES ÉLÈVES.
On perd moins qu'on ne gagne à développer le corps, etc., etc. (*On n'indique
pas quelles sont les matières sur lesquelles les retranchements doivent s'opérer. Ce
sont celles auxquelles on consacre le plus de temps. Mais le choix en doit être subordonné aux exigences de l'établissement ou des classes.*)

« On doit conduire les élèves en rang de l'école à la gymnastique et les ramener de même.

« A la fin de chaque année, en même temps que les feuilles d'école, on doit
constater, mais sur une feuille à part, les résultats obtenus par l'enseignement
de la gymnastique et indiquer :

« 1° L'emplacement de la gymnastique et la salle (situation, grandeur, disposition);

« 2° Le nombre des divisions et des classes, dans chacune d'elles, dans leurs
rapports avec les classes de l'école;

« 3° Le plan des heures, avec indication des jours et des heures;

« 4° L'indication des noms, père, âge, assiduité, conduite et progrès, négli-
gences permises ou défendues. Pour les élèves dispensés, il faut mentionner
le motif de la dispense;

« 5° Suites et conséquences des exercices en général, etc.;

« 6° Observations et vœux[1].

« Stuttgart, le 16 avril 1864.

Signé : SCHMIDLIN.

[1] Légation de France en Wurtemberg, dépêche du 25 mai 1868, de M. de Châteaurenard.

haute administration s'en est réservé la surveillance et la direction exclusive. Les documents officiels sur cette partie de l'Allemagne ne sont pas parvenus à la commission.

Bien que la gymnastique ne soit introduite, depuis très-longtemps, qu'à titre facultatif dans les écoles du grand-duché de Bade, elle n'en est pas moins acceptée avec plaisir par les élèves et les autres parties de la population. Elle devient obligatoire à partir de cette année (1868). L'article 15 de la loi nouvelle la prescrit formellement. Il y a cependant des années que Carlsruhe est dotée d'une école normale de gymnastique dirigée par un maître actif et fort intelligent, M. Gorth. Les instituteurs primaires y sont envoyés par séries de quatre-vingts à quatre-vingt-dix et reçoivent, pendant les vacances, toutes les notions nécessaires à la vulgarisation de ces exercices. Non-seulement ils apprennent et se fortifient dans la pratique des mouvements réglés, mais encore ils sont appelés, à tour de rôle, sous la surveillance du maître, à les faire exécuter à leurs camarades. Un grand nombre d'écoles de garçons et plusieurs écoles de filles reçoivent cet enseignement, qui leur est distribué avec une douceur et un tact parfaits. Les évolutions, les marches et les contre-marches, les mouvements élémentaires et plus tard les exercices avec les instruments fixes, forment la base de cet enseignement, qui est complété, dans les écoles de jeunes filles surtout, par des jeux gymnastiques, tels que les danses d'ensemble, les rondes, les jeux de cerceaux, de raquettes, de la paume, etc. etc. De plus, il y a dans le duché de Bade beaucoup de gymnases particuliers et une société de gymnastique. Ces exercices y sont très-appréciés de la plus grande partie de la population[1].

Il s'en faut que Brême et Hambourg soient restées indifférentes au goût prononcé de la race saxonne pour les exercices du corps. Ces deux pays sont en possession de gymnases particuliers assez nombreux et très-suivis, où l'enseignement est donné avec beaucoup de méthode et de discernement. Ces gymnases sont fréquentés par toutes les classes de la population. Brême et Hambourg ont, comme la plus grande partie de l'Allemagne du Nord, leurs *turnverein* (associations de gymnastes); mais l'enseignement n'y est point obligatoire pour les écoles des différents degrés; seulement il est facultatif dans quelques-uns. Les écoles primaires sont assez déshéritées sous ce rapport à Hambourg, où l'on fait espérer pourtant que dans très-peu de temps l'enseignement de la gymnastique sera introduit dans toutes les écoles publiques et privées, d'une manière obligatoire[2].

[1] Dépêche de M. Jost, inspecteur primaire à Wissembourg, académie de Strasbourg. — 25 février 1868.

[2] Légation de France à Hambourg. Dépêche du 4 avril 1868, de M. Cintrat,

Brême est peut-être plus avancée. On y compte un assez grand nombre d'écoles : 1° le *Gymnase*, maison d'éducation analogue à nos lycées, mais qui de plus a un cours de commerce et une école préparatoire. Il n'y a pas de gymnase, seulement, les élèves sont engagés à aller deux fois par semaine (le mercredi et le samedi) prendre des leçons de gymnastique au dehors. Le directeur, sans s'immiscer dans cet enseignement, le surveille néanmoins de très-près. La plupart des élèves s'adressent à des professeurs particuliers, quelques autres font partie du *Turnverein*. Sur 696 élèves, 586 font de la gymnastique ; 284 font partie du Turnverein et 302 s'adressent à des professeurs particuliers ; 2° la *Seminar* est le seul établissement où la gymnastique soit obligatoire, et c'est, en effet, par cet établissement qu'il fallait commencer, puisqu'il est destiné à l'instruction des instituteurs primaires ; c'est une école normale primaire qui ne compte que 46 élèves ; 3° la *Burgerschule*, où la gymnastique, sans être obligatoire, fait cependant partie du plan d'études. Au commencement de chaque trimestre, on demande aux élèves de déclarer s'ils veulent suivre le cours de gymnastique, qui est d'ailleurs gratuit. Sur 456 élèves, 29 seulement ne l'ont pas suivi ; et sur ces 29, un seul s'est abstenu sans donner de raisons, les 28 autres, pour cause de maladie ou de faiblesse constitutionnelle. Une des particularités les plus intéressantes et qui montre quelle haute idée les Allemands ont de l'éducation physique, c'est que dans cette école (Burgerschule), ce sont les professeurs des classes eux-mêmes qui ne dédaignent pas de donner, entre une classe d'histoire et une classe de physique, une leçon de gymnastique. Parmi ces professeurs se trouvent des hommes du plus grand mérite, tels que le docteur *Werner*, le docteur *Schneider* et le docteur *Buchenau*, botaniste des plus distingués ; 4° cet enseignement n'est point obligatoire non plus dans les écoles primaires. Une seule, la *Schule am Neustadtwall*, a placé la gymnastique dans le cadre de son enseignement, bien qu'elle n'y soit pas obligatoire. Ce sont les maîtres qui donnent les leçons. Cette école compte 525 élèves, qui presque tous y prennent part. Enfin, dans les écoles de *Vegesack* et de *Bremerhaven*, la gymnastique n'est point enseignée, pas plus que dans les écoles des villages, mais les élèves peuvent aller recevoir des leçons particulières. Il est cependant question de porter incessamment la gymnastique sur le programme de toutes ces écoles, ce qui arrivera inévitablement lorsqu'un assez grand nombre d'instituteurs primaires seront passés par le *Seminar*, où la gymnastique est obligatoire et sérieusement enseignée dans un but pédagogique.

Dès le commencement du siècle, les exercices corporels faisaient partie du plan d'études dans les écoles populaires de la Bavière ; depuis 1861, ils ont été rendus obligatoires pour les écoles de garçons,

on a cru devoir y substituer les travaux manuels dans les écoles de filles.

Comme à *Brême*, cet enseignement est obligatoire dans les écoles normales primaires (*Seminar*) depuis 1861 et dans les écoles préparatoires depuis 1866; on y consacre deux heures par semaine. L'enseignement y est habituellement donné par les professeurs ordinaires. On n'a recours que très-exceptionnellement à des maîtres spéciaux étrangers à ces écoles. La natation entre dans le programme des exercices gymnastiques; elle est enseignée gratis.

Dans les écoles dites *moyennes*, la gymnastique était inscrite au programme des études depuis 1825; elle était facultative, ce qui n'empêchait pas la plupart des élèves de s'y adonner; elle est devenue obligatoire en 1861. La natation est encore aujourd'hui facultative, ainsi que l'escrime, mais les élèves les plus avancés sont exercés à la tactique militaire et au maniement des armes. Ce sont les professeurs ordinaires qui sont chargés de cet enseignement, et, afin qu'ils puissent acquérir l'aptitude nécessaire, le gouvernement a fait construire à Munich une école normale spéciale qui leur est destinée. La méthode *de Spiess* est la seule suivie obligatoirement dans les écoles populaires et dans les écoles moyennes. Ces dernières sont généralement pourvues de gymnases couverts pour l'hiver et de gymnases en plein air pour l'été. Il est très-probable qu'avant peu les exercices militaires seront rendus obligatoires pour tous les élèves indistinctement des écoles populaires et des écoles moyennes.

Il n'y a pas d'enseignement gymnastique réglé et obligatoire proprement dit dans les hautes écoles de la Bavière; mais les étudiants, qui d'ailleurs ont déjà reçu cet enseignement dans les écoles populaires et les écoles moyennes, peuvent s'y exercer attendu qu'il y a au siége de chaque école supérieure un gymnase fort bien organisé où les élèves sont admis gratuitement; les leçons d'escrime et d'équitation sont seules l'objet d'une faible rétribution.

De toutes les parties de l'Allemagne, l'Autriche est celle où la gymnastique, en tant qu'enseignement pédagogique et militaire, a été le plus complétement négligée. Loin d'être obligatoire dans les diverses écoles de l'Empire, c'est à peine si les élèves ont été jusqu'à présent engagés à s'y livrer individuellement; mais les tristes conséquences de la guerre de 1866 ont fait ouvrir les yeux, et sans plus tarder, le Gouvernement a pensé à l'organiser d'une manière générale. Ainsi, dans une circulaire ministérielle datée du 31 octobre 1867, l'enseignement gymnastique est recommandé dans toutes les écoles «parce qu'il développe la croissance»; il est déclaré obligatoire et doit devenir matière ordinaire des programmes d'instruction dans les écoles publiques. La circulaire prescrit aussi d'exiger des professeurs, non-seulement une aptitude pédotribique des plus développées, mais aussi des connaissances générales suffisamment étendues; et comme il n'existe pas d'écoles normales de gymnastique dans l'empire, on hâtera l'accomplissement de cette prescription, en faisant donner aux candidats maîtres des leçons gratuites dans les gymnases particuliers. Le Ministre déclare dans cette circulaire qu'il est prêt à donner pour cet enseignement des honoraires prélevés sur les fonds des écoles normales de l'empire.

Dans une seconde circulaire, du 26 janvier 1868, la gymnastique est déclarée obligatoire dans toutes les écoles populaires à partir de 1869.

Enfin, à peu près à la même époque où Votre Excellence nommait la commission qui lui présente aujourd'hui ce rapport, le ministre autrichien en nommait également une, chargée des mêmes attributions.

Il existe bien quelques gymnases particuliers en Autriche, en Bohême et en Hongrie, mais en général assez peu importants : tels sont le *Theresianum* et le *Gartenbaugesellschaft* à Vienne, puis un gymnase tchèque et un gymnase allemand à Prague; le premier dirigé par M. le docteur Thyrn, et le second par M. le docteur Stadler. Cet enseignement, assez défectueux, manque d'un des éléments les plus essentiels à l'instruction gymnastique, la discipline dans les exercices.

La *Suisse*, qui fut comme l'Allemagne le berceau de la gymnastique moderne, la Suisse, où les exercices physiques, les jeux d'adresse, le maniement des armes sont très en faveur, est encore loin d'une généralisation complète de l'enseignement pédagogique de la gymnastique, bien qu'elle y soit très-répandue et réponde en quelque sorte à un besoin de ses populations. Il n'y a en effet que deux cantons, ceux d'*Argovie* et de *Zurich*, où cet enseignement soit obligatoire pour les établissements d'instruction publique, tels que écoles primaires, écoles cantonales, gymnases et universités. Le programme des exercices est celui du manuel de Niggeler, inspecteur de gymnastique du canton de Berne. Les exercices d'ordre, tels que les mouvements élémentaires, les marches et contre-marches, l'école du soldat, l'école de peloton, etc., les diverses espèces de saut, les exercices de la barre à sphères ou de la canne, sont ceux sur lesquels on insiste principalement pendant plusieurs années; puis viennent les exercices avec les divers engins ou les machines fixes, tels que les jeux du trapèze, de la barre de Reck, des mâts, de la corde à nœuds, etc. Mais ce qui forme le point important de cet enseignement, ce sont surtout les mouvements élémentaires, les exercices d'ordre et d'ensemble, qui développent sans fatigue les organes locomoteurs, et disposent singulièrement les jeunes élèves à l'enseignement des exercices militaires.

Cependant, bien que la loi prescrive la gymnastique obligatoire dans ces deux cantons (Argovie et Zurich), il y a encore quelques communes où, faute d'instituteurs capables, elle n'existe réellement que sur le programme des écoles.

Dans douze cantons, *Vaud*, *Fribourg*, *Genève*, *Neufchâtel*, *Berne*, etc. etc. la gymnastique n'est obligatoire que pour les écoles moyennes (écoles secondaires, progymnases et gymnases); sans être exclue des écoles primaires, elle y est beaucoup moins répandue, bien que le gouvernement cantonal de *Berne* lui ait jusqu'à ce jour donné toute espèce d'encouragements, et ait édicté un règlement, une instruction spéciale pour cet ordre d'enseignement. Il y a lieu de penser que le temps n'est pas éloigné où la gymnastique sera obligatoire dans les écoles primaires du canton de Berne, comme dans celles des cantons d'*Argovie* et de *Zurich*.

Dans les cantons primitifs ou forestiers, tels que *Uri*, *Schwitz*, *Unterwald* et *Zug*, ainsi que dans la plupart des cantons catholiques, à l'exception de *Fribourg*, non-seulement la gymnastique n'est pas obligatoire pour les établissements d'instruction publique, mais même elle reste tout à fait en dehors de l'intervention de l'État; elle y est cependant assez cultivée.

En ce qui concerne l'éducation des filles, les seuls cantons de *Zurich*, *Berne*, *Argovie* et *Bâle-ville* ont rendu la gymnastique facultative dans les écoles qui leur sont destinées.

Enfin, indépendamment des évolutions militaires, du tir à l'arc, etc., la natation a été introduite d'une manière presque obligatoire dans plusieurs établissements d'instruction publique, tels que l'école cantonale de Berne, le progymnase de *Thun*, etc. etc., où elle a donné les résultats les plus satisfaisants.

En résumé, la gymnastique n'est point obligatoire pour les établissements d'instruction publique dans dix cantons, où l'État reste complétement en dehors de cet enseignement; dans deux cantons, elle est obligatoire jusque dans les écoles primaires, et seulement pour les écoles secondaires dans les dix autres cantons. Mais elle tend, il faut le reconnaître, à s'y vulgariser de plus en plus, et ce qui lui donnera une grande impulsion, c'est que, à part le goût prononcé des populations pour les exercices physiques, elle a été introduite dès 1861 dans l'armée fédérale et fait partie *de la nouvelle école du soldat*, qui, depuis 1867, est en application dans les écoles militaires fédérales et cantonales.

Les documents relatifs à la Hollande et à la Belgique ne nous étant point encore parvenus, il nous est difficile de donner d'une manière détaillée l'état actuel de l'enseignement pédagogique et militaire de la gymnastique dans ces deux pays. Mais il est notoire que le gouvernement néerlandais a depuis longtemps fait de grands efforts pour

introduire cet enseignement dans les établissements d'instruction
publique et qu'il a créé plusieurs écoles normales où se forment
les professeurs spéciaux et les instituteurs des écoles populaires.

En Belgique, l'éducation physique est également l'objet de l'attention du Gouvernement; la loi du 23 septembre 1842, article 37,
prescrit l'enseignement obligatoire de la gymnastique dans les écoles
primaires supérieures; les écoles primaires proprement dites en sont
privées. Les enfants des salles d'asile sont soumis à des exercices bien
combinés, à des mouvements très-élémentaires qui les distraient, les
amusent et font diversion au travail intellectuel. La plupart de ces
écoles manquent de gymnases couverts. La ville de Bruxelles a,
depuis trois ou quatre années, créé une école normale de gymnastique dirigée par un maître des plus habiles, le docteur Euler. Un
médecin est attaché à cet établissement pour les démonstrations ana-
tomiques, physiologiques et médicales, dans leurs applications à la
gymnastique. Une commission médicale est chargée des examens pour
l'obtention des diplômes. Les écoles communales de Saint-Josse-ten-
Noode, d'Ixelles et de Bruxelles ont également pour professeur le
docteur Euler. Sa direction a mis la gymnastique en faveur. Elle est
maintenant recherchée, non-seulement par les jeunes enfants, mais
aussi par les autres parties de la population; il y a donc lieu de penser
que la Belgique sera bientôt en possession d'un enseignement gymnastique fortement organisé.

Le premier en Europe, le gouvernement suédois posséda, au commencement du siècle, une école normale de gymnastique pédagogique, militaire et médicale, établie à Stockholm et dirigée par
Ling. Bientôt il fit installer des gymnases semblables dans la plupart
des villes du royaume et cet enseignement se généralisa dans les établissements d'instruction publique. Bien qu'il ne soit pas tout
d'abord devenu obligatoire pour les écoles primaires et secondaires,
il l'est de fait puisqu'il existe depuis longtemps su les programmes
d'instruction.

Aujourd'hui, cet enseignement dans les écoles publiques de la
Suède est basé sur les stipulations contenues dans la circulaire royale
du 9 janvier 1863. Cette circulaire prescrit de donner de trois à six
heures de leçons par semaine aux élèves qui appartiennent aux quatre
classes inférieures; de faire subir à chacun d'eux la visite du médecin
au commencement du cours; de ne faire exécuter que les mouvements les plus élémentaires avec ou sans appareils aux plus jeunes
enfants. Les mouvements les plus simples de l'infanterie, le maniement des armes et l'escrime à la baïonnette à l'aide de fusils de bois
seront enseignés plus tard, et enfin, dans les classes supérieures, les
élèves devront exécuter tous les exercices de la gymnastique pédagogique, y compris les manœuvres militaires, le maniement des armes

avec le fusil de munition; faire de l'escrime à la baïonnette, à l'épée,
au sabre, l'exercice à feu et tirer à la cible.

Pour les séminaires ou écoles normales des instituteurs primaires
ou populaires, et les écoles primaires, l'enseignement de la gymnastique comprend à peu près les mêmes matières. Les instituteurs primaires seuls apprennent le maniement des armes et les manœuvres
d'infanterie les plus élémentaires; puis les marches, les courses sont
enseignées aux élèves des classes populaires.

Enfin, dans les écoles populaires, les exercices sont conduits par

Par une circulaire plus récente, datée du 19 juin 1866, S. M. le roi de
Suède stipule ce qui suit pour l'enseignement de la gymnastique dans les
écoles primaires:

« 1° Les exercices gymnastiques consistent : A, en exercices sans appareils;
B, en exercices avec appareils; C, en exercices avec armes;

« 2° Les exercices sans appareils embrassent soit des jeux exécutés librement, tels que courses, jet de boules, luttes, etc., soit des mouvements exécutés par commandement à la gymnastique, dite *isolée*; ces exercices se font,
autant que le permettent la saison et le temps, en plein air;

« 3° Les exercices avec appareils correspondent à la gymnastique dite
d'appareils, et se font le plus convenablement dans la salle de gymnastique;

« 4° Les exercices avec armes consistent soit en exercices, avec des manœuvres d'infanterie, soit en maniement d'armes proprement dit, à savoir
l'escrime à la baïonnette, au sabre et au fleuret. À l'exception des diverses
espèces d'escrime, tous ces exercices s'exécutent en plein air et pendant l'automne et le printemps, autant du reste que le temps le permet;

« 5° Les exercices mentionnés dans les articles 2 et 3 sont applicables à
toutes les classes. Ceux mentionnés dans l'article 4 s'étendent aux classes supérieures seulement, de sorte que l'exercice du fusil ne commence qu'à la
cinquième classe; l'escrime à la baïonnette, dans la sixième; l'escrime au
sabre et au fleuret, dans la septième. Enfin, les exercices de gymnastique
isolés peuvent, pour les classes supérieures, alterner avec le maniement du
fusil et l'escrime à l'épée, en ligne déployée;

« 6° Tous les exercices doivent se faire journellement avec ou sans appareils, au moins une demi-heure, afin que chaque élève reçoive trois heures de
leçon par semaine, et cela préférablement dans l'après-midi, etc. etc.

« 7° L'enseignement gymnastique pédagogique doit comprendre une série
succincte de mouvements isolés, de marches et de sauts, ainsi que divers
autres exercices sans appareils fixes. Il doit être interrompu de temps en temps
par un repos de quelques minutes, et après une demi-heure de leçon, les
élèves auront un quart d'heure de récréation employé à faire des exercices
volontaires;

« 8° Pendant la bonne saison, on fera faire de temps en temps aux élèves
des promenades collectives, pendant lesquelles ils exécuteront des manœuvres
d'infanterie. Ces promenades seront réglées par le recteur, et les élèves seront
dispensés la veille et le lendemain des leçons gymnastiques habituelles.

« 9° Le maître devra s'efforcer de provoquer, comme règle essentielle de tous
les exercices gymnastiques, une bonne attitude du corps et de la souplesse.

l'instituteur lui-même qui a reçu au séminaire (école normale primaire), pendant trois ans, l'éducation nécessaire, conformément à une instruction publiée à cet effet, et qui sert de manuel ou d'aide-mémoire.

Nous aurons occasion de revenir, dans une autre partie de ce rapport, sur ce qui concerne l'instruction des professeurs. Dès à présent, vous voyez, Monsieur le Ministre, combien l'enseignement de la gymnastique a été répandu et perfectionné en Suède et de quelle sollicitude le gouvernement l'entoure.

La *Norwége* est de beaucoup moins avancée. Une loi de 1809 prescrit l'enseignement de la gymnastique dans les lycées (écoles latines), mais il n'a jamais été organisé d'une façon régulière. Il y a bien dans quelques grandes écoles, une espèce d'instruction gymnastique sans règle ni méthode, que l'on décore du nom de *système de Ling*, mais qui en diffère essentiellement. Les professeurs sont généralement beaucoup au-dessous de ceux de la Suède.

La gymnastique n'est point obligatoire dans les écoles primaires; elle y est enseignée d'une façon très-irrégulière, attendu que la loi laisse les communes libres de l'adopter ou de la refuser.

Les écoles militaires sont mieux favorisées, et c'est là seulement qu'on enseigne véritablement la gymnastique selon le système de Ling; il en est à peu près de même pour les écoles normales primaires, ce qui fait que bientôt les instituteurs nouvellement formés pourront l'introduire dans toutes les écoles primaires. Il est question dès à présent de fonder une école normale de gymnastique sur le modèle de celle de Stokholm; cela donnerait une grande impulsion à l'enseignement. Les populations y sont d'ailleurs très-disposées. Mais tout est encore à faire actuellement.

En Russie, l'enseignement pédagogique de la gymnastique est peu répandu. Indépendamment de quelques grands gymnases qui se trouvent dans des grandes villes : Pétersbourg, Moscou, Helsingfords, les diverses écoles militaires et les écoles civiles pour la noblesse en sont seules pourvues. Les régiments de la garde impériale ont des écoles primaires pour les enfants de troupe; la gymnastique y est obligatoire. Mais rien n'a été fait pour les écoles populaires et les écoles dites moyennes. Il en est à peu près de même en Espagne et en Italie. Cependant l'Espagne a été une des premières dotée par Amoros d'un vaste gymnase, l'Institut pestalozzien; et il y a dans ce pays quelques gymnastes de mérite, dont on a pu apprécier les machines, peut-être un peu trop compliquées, à l'exposition universelle de 1867. En Italie, il s'est formé à Lodi une association pour l'éducation du peuple, dont le programme prescrit formellement l'enseignement de la gymnastique. Quelques gymnases ont été établis depuis longtemps dans diverses villes; cependant l'enseignement pédagogique populaire est encore à organiser. En résumé, les gouvernements d'Espagne et d'Italie sont restés jusqu'ici complétement étrangers aux progrès de la gymnastique dans les écoles primaires ou d'un ordre plus élevé.

L'Angleterre est de tous les pays celui certainement où les exercices du corps répondent le plus aux habitudes et aux mœurs de la population. En ce qui concerne l'instruction, le gouvernement est en quelque sorte étranger à la plupart des établissements. Aucun programme officiel n'existe, et cependant les jeux athlétiques y sont cultivés, nous ne dirons pas avec persistance, mais avec une sorte d'entraînement irrésistible. Ainsi, dans la plupart des écoles anciennes (écoles publiques), telles que *Winchester, Eton, Harrow, Rugby, Schewsbury, Merchant-Taylors, Saint-Paul, Oxford, Cambridge, Westminster, Leeds, Durham,* etc., les exercices athlétiques tiennent la plus grande part dans l'éducation, à ce point que quelques-unes de ces grandes écoles consacrent quinze et même vingt-sept heures par semaine au jeu de crickett ou au ballon, à la balle, au canotage ou au pugilat; mais les exercices gymnastiques réglés n'y sont point enseignés d'une manière aussi méthodique et physiologique qu'en Allemagne, en Suisse et même en France. La gymnastique anglaise est d'ailleurs essentiellement athlétique. Dans les écoles modernes et privées, dans les écoles populaires, les jeux athlétiques, quoique très en faveur, tiennent une place beaucoup moins considérable. Mais, à Wollvich et dans quelques autres écoles militaires, la gymnastique proprement dite est plus méthodiquement démontrée, ainsi que les exercices militaires. Ce sont surtout les écoles dites *de demi-temps* qui sont le plus complétement organisées sous le rapport de l'éducation physique. Indépendamment des exercices gymnastiques, les enfants y reçoivent les principes de l'instruction militaire et navale qu'ils savent mettre en pratique avec une si grande facilité, qu'en peu de temps, selon l'assertion de M. *Edwin Chadwick*[1], ils acquièrent les qualités que l'on trouve dans les soldats et les marins accomplis. Cet enseignement leur est distribué depuis l'âge de cinq à six ans jusqu'à l'adolescence, et leur aptitude à cet âge est, dit-on, vraiment surprenante.

En dehors des écoles, dans la plupart des grandes villes, on trouve des gymnases assez bien organisés. La méthode d'enseignement, quoique toujours et partout trop athlétique, tend à se modifier en empruntant à l'Allemagne, à la Suède et à la Suisse leurs préceptes les plus rationnels sur l'emploi des mouvements élémentaires. Deux des professeurs les plus connus de la Grande-Bretagne, MM. Bacon et Roth, ont montré à l'Exposition de 1867 des tableaux qui comprennent toutes les attitudes du corps et des membres, figurées à l'aide de statuettes en carton-pâte.

En Écosse, la population attache une importance non moins grande

---

[1] Rapport à l'Académie des siences morales et politiques.

aux exercices physiques, et il n'est pas un établissement d'instruction, public ou privé, d'un ordre élevé où l'enseignement de la gymnastique n'ait été jugé d'une indispensable nécessité; ainsi à Glascow, *les Glascow academy, Glascow collegiale* et la *high school* possèdent des gymnases pourvus de tous les appareils usuels, tels que : trapèzes, anneaux, échelles verticales et horizontales, barres simples et parallèles, mâts et cordes d'ascension, cheval de bois, de même que les *dumbs bells* (haltères), qui se trouvent aussi dans la plupart des maisons particulières; les mills, l'escrime, la boxe font partie de cet enseignement. Les deux premiers établissements sont de fondation privée; le troisième, la high' school, est de création publique et a été doté par la municipalité d'un gymnase somptueux; les professeurs sont habiles. Les élèves sont appelés trois fois par semaine au gymnase; mais pendant les récréations de tous les jours, les salles de gymnastique leur sont ouvertes et ils sont libres de s'y exercer. Cet enseignement n'est point obligatoire et pourtant tous les élèves s'y adonnent avec ardeur, bien qu'ils aient à payer une rétribution supplémentaire, soit à l'établissement, soit au professeur lui-même.

Les écoles populaires n'ont point de gymnases; mais la municipalité de Glascow a fait établir sur une promenade publique (*L'Green*), située dans une des parties les plus populeuses de la ville, un gymnase complet, dont l'entrée est gratuite et qui est destiné spécialement aux enfants et aux adultes des classes laborieuses. C'est un lieu d'exercice plutôt que d'enseignement régulier.

Enfin, les anciens jeux celtiques, tels que : le maniement de la massue, le jet de la pierre, etc., sont très-aimés des Écossais et font chaque année l'objet de concours publics. Si l'on trouve encore des gymnases dans quelques autres villes de l'Écosse, partout les écoles populaires en sont privées. L'enseignement militaire y est complétement négligé.

Si l'on excepte le collége français de *Blackcock*, près de Dublin, dirigé par des prêtres de l'ordre du Sacré-Cœur-de-Marie, où la gymnastique est régulièrement et méthodiquement enseignée, la plupart des écoles publiques ou privées de l'Irlande, où, comme en Angleterre et en Écosse, les exercices physiques sont très-goûtés de la population, ont adopté le jeu de cricket, les courses à pied, l'exercice de la canne, la boxe, etc. Les exercices militaires n'y sont point enseignés.

En Grèce, la gymnastique méthodique fait partie des programmes d'instruction dans toutes les écoles secondaires, ainsi que dans les écoles spéciales, où elle est obligatoire. Tous les jeunes gens s'y livrent avec passion. Les écoles populaires ne sont pas pourvues de gymnases; mais le peuple grec a conservé sa gymnastique traditionnelle, qui est un composé de gymnastique athlétique et militaire. D'ailleurs, dans les écoles secondaires de même que dans les écoles spéciales (mililaires) l'enseignement est aussi plus athlétique et militaire que pédagogique.

Quant à la gymnastique populaire traditionnelle, le jeu du disque pesant, lancé de pied ferme ou à la course, tient le premier rang; puis vient l'exercice de la fronde: les projectiles varient du poids de 100 à 600 grammes. Cet exercice dégénère presque toujours en bataille rangée. La lutte corps à corps est l'exercice favori: c'est une passion chez les enfants, une nécessité chez les adolescents et les hommes faits; le Grec est lutteur comme l'Anglais est boxeur.

Les courses en ligne droite et en zigzag; les différentes espèces de saut de plain-pied, en hauteur ou profondeur, par-dessus des obstacles de toute nature, tels que bûchers allumés; le jet du javelot, du bâton, de la balle en l'air; le simulacre de combat à l'arme blanche; la natation; les danses héroïques et divers autres amusements, sont essentiellement dans les mœurs du peuple grec. Les femmes y prennent part le plus souvent et s'en tirent avec honneur. Enfin, soulever des fardeaux, grimper sur les arbres, aux murailles, aux rochers escarpés; se suspendre par les mains et les pieds; se laisser tomber à terre de hauteurs considérables, sont pour eux et pour elles des exercices très-familiers. Cette éducation n'est point imposée aux Grecs; elle est inhérente à leur constitution, à *leur sang*, (αἷμα κελαινόν) [1].

§ 3. Voici maintenant l'état actuel de l'enseignement de la gymnastique en France.

Pendant qu'Amoros distribuait dans son vaste gymnase de Grenelle l'instruction gymnastique aux militaires ainsi qu'aux personnes de la ville, Clias employait toutes ses forces et son énergique persistance à l'introduire dans les écoles communales de Paris, avec l'assentiment de la municipalité. Cet enseignement, qui fut l'objet de rapports très-élogieux à l'Académie de médecine (Bouvier, Bally) et qui donna des résultats satisfaisants, cessa vers 1833, et de cette époque jusqu'en 1846, il n'en fut plus question, si ce n'est exceptionnellement, dans les établissements scolaires. Le règlement ministériel de 1846, mis en vigueur seulement en 1850, et la loi de 1850 (art. 23), qui inscrivait, en la laissant facultative, la gymnastique au nombre des connaissances exigées pour l'obtention du brevet d'instituteur, réalisèrent en peu d'années un progrès sensible. Mais c'est surtout à partir du décret de 1854, qui rend l'enseignement de la gymnastique obligatoire dans les lycées et collèges, qu'elle tend à se généraliser de plus en plus, bien que, encore aujourd'hui, un certain nombre d'établissements en soient privés et que, dans beaucoup d'autres, les gymnases soient ou mal ou incomplètement installés.

[1] Note communiquée par M. *Nicolaïdy*, officier supérieur attaché à la légation grecque à Paris.

Nous ne saurions mieux faire, pour donner une idée de l'enseignement de la gymnastique dans les établissements universitaires, que de recourir à la statistique dressée par M. de Fontaine de Resbecq, secrétaire de notre commission, d'après les documents reçus à l'administration le 1ᵉʳ octobre 1868. Elle concerne les lycées, les colléges communaux et les écoles normales primaires. Nous userons aussi des documents relatifs aux écoles primaires que vous avez daigné nous communiquer.

Établissements qui ont une collection d'appareils et d'agrès.

67 lycées sur 82 : Louis-le-Grand, Napoléon, Saint-Louis, Alençon, Alger, Amiens, Angoulême, Avignon, Auch, Bar-le-Duc, Bastia, Besançon, Bordeaux, Bourg, Bourges, Brest, Caen, Cahors, Carcassonne, Chambéry, Chaumont, Clermont-Ferrand, Colmar, Coutances, Dijon, Douai, le Havre, Laval, Lille, Limoges, Lons-le-Saunier, Lyon, Lorient, Mâcon, le Mans, Marseille, Metz, Montpellier, Moulins, Nantes, Napoléon-Vendée, Napoléonville, Nice, Nîmes, Niort, Orléans, Pau, Périgueux, Poitiers, le Puy, Rennes, Rodez, Rouen, Saint-Brieuc, Saint-Étienne, Saint-Omer, Saint-Quentin, Sens, Strasbourg, Tarbes, Toulon, Toulouse, Tournon, Troyes, Vanves, Vendôme et Vesoul.

90 colléges sur 254 : Rollin, Stanislas, Abbeville, Aix, Alais, Arles, Armentières, Arras, Auray, Autun, Baume, Bayeux, Beauvais, Bergerac, Bernay, Béthune, Blois, Bonneville, Boulogne-sur-Mer, Bourgoin, Brive, Cambrai, Castres, Cette, Châlons-sur-Marne, Châlonsur-Saône, Charleville, Chartres, Château-Thierry, Châtellerault, Châtillon-sur-Seine, Cherbourg, Chinon, Civray, Clermont-Oise, Compiègne, Condé, Dieppe, Dieuze, Dol, Dunkerque, Épinal, Étain, Étampes, Haguenau, Honfleur, Issoire, Issoudun, Langres, Laon, Libourne, Lodève, Loudun, Lunéville, Lure, Marmande, Meaux, Melun, Millau, Montauban, Montbéliard, Montluçon, Mulhouse, Nogent-le-Rotrou, Obernai, Pamiers, Pertuis, Poligny, Pontoise, le Quesnoy, Revel, la Rochefoucauld, Rouffach, Sablé, Saint-Servan, Saintes, Schlestadt, Sedan, Sées, Semur, Sézanne, Soissons, Thann, Thionville, Toul, Treignac, Valence, Valenciennes, Verdun, Vienne.

29 écoles normales sur 78 : Amiens, Auxerre, Barcelonnette, Blois, Châlons-sur-Marne, Charleville, Châteauroux, Dax, Douai, Évreux, la Grande-Sauve, Laon, Laval, Loches, le Mans, Melun, Metz, Orléans, Perpignan, Privas, Rodez, Rouen, Saint-Lô, Strasbourg, Tarbes, Troyes, Valence, Vesoul, Villefranche.

Parmi ces établissements, 42 lycées, 22 colléges, 6 écoles normales ont un gymnase couvert.

Personnel des professeurs [1].

61 lycées n'ont qu'un professeur;
4 en ont deux;
3 en ont trois;
1 en a quatre;
1 en a cinq;
1 en a dix (Vanves).

Ce qui donne un total de 97 professeurs : 34 militaires et 63 civils, parmi lesquels 31 sont d'anciens militaires, plusieurs même ont été officiers.

47 colléges n'ont qu'un professeur;
8 en ont deux.

Ce qui donne 63 professeurs : 24 militaires et 39 civils, au nombre desquels 23 ont servi.

14 écoles normales ont un professeur.

Sur ces 14, 2 sont militaires et 12 civils; parmi ces derniers, 9 ont servi.

Traitement des professeurs.

Dans les lycées, le traitement moyen est de..........	449^f 60^c
maximum......................	1,000 00
minimum......................	90 00
Dans les colléges, le traitement moyen est de..........	402 40
maximum......................	1,200 00
minimum......................	60 00
Dans les écoles normales, le traitement moyen est de....	274 60
maximum......................	600 00
minimum......................	35 00

Enseignement.

Dans les lycées, colléges et écoles normales, le nombre de leçons par semaine est en général de deux.

Ces leçons sont données dans 23 lycées pendant les récréations, dans 31 autres, pendant les études. Les autres établissements y consacrent indifféremment études et récréations.

Dans 23 colléges, les leçons sont données pendant les récréations; dans 13, pendant les études.

Quant aux écoles normales, dans 17 on les donne pendant les récréations, et dans 5 pendant les études.

[1] Il est important de remarquer que quelques établissements ont un professeur et point de gymnase, et que d'autres, au contraire, ont des appareils et pas de professeur; un certain nombre n'ayant ni professeur ni appareils envoient leurs élèves aux gymnases des villes.

Le nombre des élèves sous un seul maître est :

Dans les lycées, en moyenne 25
        au maximum .... 65 (Lons-le-Saulnier.)
        au minimum 12
Dans les colléges, en moyenne 21
        au maximum 40
        au minimum 6
Dans les écoles normales, en moyenne 28
        au maximum .... 70 (Gironde.)
        au minimum 6

Quant à la durée de l'enseignement, 51 lycées le donnent pendant toute l'année scolaire, ainsi que 35 colléges et 18 écoles normales.

Les écoles primaires, si longtemps privées de gymnastique, se ressentent aujourd'hui de l'impulsion nouvelle que vous avez donnée depuis quelques années à cette partie de l'éducation. Il serait difficile d'établir actuellement une statistique exacte de ces écoles, où la gymnastique est régulièrement et méthodiquement démontrée. Dans presque toutes les parties de la France il s'en trouve un assez grand nombre, mais c'est surtout dans les départements du Nord et de l'Est que la gymnastique est très-répandue.

Ainsi à *Sedan*, outre le collége, l'école communale dirigée par des frères est pourvue d'un gymnase où toutes les parties de la population ouvrière peuvent venir s'exercer le dimanche de quatre à six heures. Les leçons sont données par un militaire de la garnison, en présence des frères, qui assistent également aux exercices des jeunes enfants et des adultes étrangers à l'établissement.

Péronne, *Saint-Omer*, *Lille*, *Laon*, *Hazebrouck*, *Compiègne* (gymnase modèle, fort intelligemment organisé), ont introduit la gymnastique à titre obligatoire dans leurs écoles primaires. Quelques-unes de ces villes ont fait construire des gymnases communaux types, destinés également à toutes les parties de la population ; le nombre des enfants et des grandes personnes qui les fréquentent avec assiduité et un plaisir marqué est vraiment considérable.

Le département de l'Aisne a surtout propagé d'une manière remarquable l'enseignement gymnastique dans ses écoles primaires. Ainsi, en dix-huit mois (1867 et 1868), 242 gymnases ont été organisés dans les écoles primaires de ce département, grâce à l'intelligente initiative de son premier magistrat. Ces gymnases communaux ou scolaires sont fréquentés par plus de 3,200 enfants et jeunes gens appartenant aux écoles. La dépense a été insignifiante : 8,679 francs, c'est-à-dire à peu près en moyenne 37 à 40 francs par école. Cette somme a été couverte à l'aide des ressources communales, de souscriptions particulières et d'allocations sur le crédit spécial voté par le conseil général qui, dans sa dernière session, a inscrit au budget départemental une somme de 3,000 francs en vue de favoriser « ces utiles créations »[1].

Enfin, les instituteurs eux-mêmes ont contribué, pour une bonne part, à l'installation de ces gymnases, qui fonctionnent très-bien.

En Alsace, la gymnastique est depuis plusieurs années établie dans le lycée de Strasbourg, et fort bien organisée dans le gymnase protestant. Mais les écoles primaires ne sont pas aussi avancées qu'on aurait pu le croire. Cependant un professeur habile, auteur d'un manuel très-méthodique de gymnastique allemande, *Heiser*, est chargé de cet enseignement dans les écoles communales. Il en est de même à Colmar, où, il faut bien le dire, la grande masse, malgré toute l'insistance des personnes chargées de la direction de l'enseignement public, n'a pas jusqu'à présent profité de ces leçons aussi complétement qu'on aurait pu le désirer.

Mais on s'organise, on se prépare, et des conférences pédagogiques dans lesquelles seront traitées, devant les instituteurs primaires, toutes les questions afférentes à la gymnastique pédagogique doivent avoir lieu à Strasbourg vers la fin du présent mois d'octobre.

Cependant il ne faudrait pas conclure de ce qui précède que les populations de l'Alsace sont indifférentes à cette partie de l'éducation, car beaucoup d'écoles mixtes ont établi des gymnases où les leçons sont données pendant les récréations, et, dès le 1er octobre, les écoles de garçons et de filles de l'arrondissement de Wissembourg doivent être munies de gymnases. Les instituteurs et les institutrices y sont très-disposés; il est question d'en doter toutes les écoles rurales. Déjà même, depuis quelques années, les élèves des écoles communales de Wissembourg et leurs maîtres prennent souvent part aux fêtes d'écoliers de leurs voisins les Allemands. Ces fêtes consistent en des excursions dans les Vosges, avec dîner en forêt, chants en chœur, jeux et courses, en exercices et manœuvres et, selon la communication de M. l'inspecteur de cet arrondissement, les enfants reviennent joyeux, pleins d'entrain et très-disposés à reprendre leurs études.

Plusieurs directeurs d'établissements particuliers ont aussi, dans toute l'Alsace, institué d'une manière très-sérieuse l'enseignement de la gymnastique; les pensionnats de jeunes filles ont suivi cet exemple, et, de plus, une société de gymnastique s'y est organisée.

A Épinal, où, selon le rapport de M. l'inspecteur d'académie, l'enseignement de la gymnastique pédagogique n'a pas encore pénétré d'une manière générale dans les écoles primaires, une société particulière, à la tête de laquelle se sont mis MM. *de Jarry* et *Conegliano*,

[1] M. le préfet de l'Aisne a dressé un tableau statistique des gymnases communaux de son département. Cette statistique est fort intéressante sous tous les rapports.

a fondé, en 1864, un grand gymnase à l'aide de souscriptions particulières (actions de 20 francs pour un capital de 10,000) et avec le
concours de la municipalité. En peu de temps, cet établissement a
pris une extension très-grande, à ce point que, dès l'année suivante,
on a pu y organiser un concours de gymnastique et que, cette année
même (les 15 et 16 août), il y eut une grande fête à laquelle prirent
part des gymnastes suisses et allemands; plus de deux mille personnes
ont assisté à cette réunion de gymnastes, où des récompenses ont été
distribuées. Les fondateurs ont adopté, dès le début, pour l'enseignement, une méthode éclectique où se trouvent combinées les théories
allemande et française. A l'occasion de l'exposition scolaire, une nouvelle fête a eu lieu tout récemment; des conférences sur l'enseignement de la gymnastique pédagogique y ont été faites. La population,
qui a pris un grand plaisir et mis beaucoup d'empressement à assister
à ces réunions de gymnastes, est parfaitement disposée à seconder la
propagation de cette partie de l'éducation dans les écoles populaires.

Faut-il encore citer les gymnases si bien organisés des divers
établissements spéciaux,, tels que ceux du Prytanée impérial, de
l'école militaire de Saint-Cyr, de l'École polytechnique, de l'École
normale militaire de la Faisanderie [1], du régiment des sapeurs-
pompiers de Paris, où l'enseignement est tout à fait militaire et athlé-

----

[1] Nous ne pouvons nous empêcher de faire une remarque. Depuis la création de l'École normale de gymnastique militaire de la Faisanderie, institution
parfaitement organisée sous le rapport de l'enseignement, mais trop étroite-
ment logée, la plupart des pays étrangers de l'Europe, et même la Turquie et
l'Égypte, y ont détaché des officiers qui ont emporté chez eux la méthode et
plusieurs exercices qu'ils ne connaissaient pas. Ainsi le lieutenant Anker,
aide de camp du roi de Suède, a suivi les cours de la Faisanderie, ce qui lui
a permis d'apporter des modifications dans l'enseignement de la gymnastique
militaire de l'établissement de Stockholm et, entre autres manœuvres l'exercice
à la baïonnette à l'aide d'un fusil de bois dont la baïonnette était en gutta-per-
cha. Cette baïonnette a été depuis abandonnée à la Faisanderie; elle avait
l'inconvénient de se durcir au froid et d'être alors dangereuse; M. de Féraudy
en était l'inventeur. Le major *de Stein* fit parvenir en Prusse des observations
dont on se servit pour introduire quelques changements dans l'instruction et
le matériel. La Russie, l'Angleterre, le Hanovre la Bavière, le duché de Nas-
sau, la Saxe, le Danemark et le duché de Hesse-Darmstadt y envoyèrent
des officiers chargés de se rendre compte de notre enseignement et d'en
instruire leurs gouvernements respectifs. L'Autriche, l'Italie, l'Espagne et
les États-Unis y ont été également représentés, et les Principautés-Unies ont
détaché pendant plusieurs années des officiers moldo-valaques, qui ont suivi
régulièrement les cours et sont revenus dans leur pays fonder, à l'imitation
de la France, des établissements de gymnastique militaire. Enfin, l'Égypte
a obtenu du Gouvernement français d'attacher à la mission franco-égyptienne
un des lieutenants instructeurs de l'école de Joinville, pour établir au Caire
un gymnase normal militaire, qui est en pleine activité.

tique, les deux grands gymnases élevés par les soins de l'assistance publique de Paris (hôpital des Enfants, Salpêtrière), ou M. Laisné enseigne à la fois la gymnastique pédagogique et médicale ? En dehors de l'intervention de l'administration universitaire, la plupart des pensions particulières des deux sexes, dans toute la France, ont aussi, à partir du décret de 1854 et surtout depuis deux années, assez largement adopté les exercices gymnastiques, et les établissement religieux, notamment, leur ont fait, à quelques exceptions près, une large part dans le programme de leur enseignement; de plus, les gymnases particuliers, se sont considérablement multipliés à Paris et dans les départements[1].

En définitive, quelle que soit l'impulsion donnée à cette branche de d'éducation dans ces dernières années, il résulte de cet exposé que l'installation des gymnases des établissements secondaires manque d'uniformité, qu'ils sont en général incomplets et que la gymnastique n'a encore pénétré que dans un nombre limité d'écoles populaires. L'organisation de cet enseignement a, dès le principe, péché par sa base, le recrutement des professeurs, ce qui fait qu'il manque d'une direction uniforme et rationnelle. Nous reviendrons sur ce point important. Cependant, il semble qu'on en comprenne mieux l'importance. C'est qu'en effet la gymnastique pédagogique rationnelle est indispensable à une bonne éducation; elle se lie intimement à l'éducation intellectuelle, dont elle est l'utile et même l'indispensable complément[2]. Cela est si vrai que partout où l'instruction populaire est très

[1] Nous avons omis de citer parmi les travaux les plus importants qui ont le plus concouru aux progrès de la gymnastique en France, l'*Instruction pour l'enseignement de la gymnastique dans les corps de troupe*, publiée en 1847. — C'est un modèle de méthode; il n'a rien été fait de mieux. Les pays étrangers l'ont appliqué à leur enseignement militaire. En 1848, a paru l'*Instruction pour l'enseignement de la gymnastique dans la division des équipages et à bord des bâtiments de la flotte.* — Cette instruction est en principe et à peu de chose près la même que celle de 1847.

[2] L'instituteur primaire de Puicelcy, arrondissement de Gaillac (Tarn), homme intelligent et dévoué, a su organiser un gymnase avec une somme excessivement minime. Il s'est d'abord occupé d'enseigner aux enfants les exercices préparatoires, les mouvements d'assouplissement, les marches, les sauts, etc. «Ces différents exercices, où les enfants trouvent beaucoup d'émulation et de plaisir, sont d'une très-grande utilité et ne nécessitent aucune dépense.» Puis, il a acheté les barres de suspension, le trapèze, les poignées brachiales, la poutre, la corde à nœuds, les barres parallèles. Avec ces machines, il exerce, dit-il, les enfants à une foule d'exercices aussi variés qu'utiles. Mais ce qu'il y a de plus sérieux, c'est que les élèves ont fait pour leur instruction scolaire de bien plus rapides progrès. Les jeunes gens du village et même des hommes de quarante ans ont voulu aussi venir prendre des leçons de gymnastique, il en a profité pour les instruire.

répandue, l'enseignement de la gymnastique l'est également. Ainsi, en prenant la carte de l'Europe marquée par des teintes diverses qui correspondent au développement de l'instruction populaire, on voit sur un même plan et en première ligne la Prusse, la Saxe, la Bavière, le duché de Bade, le Wurtemberg, etc., la Suisse, la Hollande, le Danemark et la Suède; ce sont précisément les pays où la gymnastique est le plus en honneur, où elle fait partie du programme de la plus grande partie des écoles, où l'on a su l'élever au niveau de l'éducation intellectuelle, en lui imprimant une direction toute scientifique et rationnelle. Sur un deuxième plan, on trouve la France, l'Angleterre (Écosse et Irlande), la Belgique; sur un troisième, l'Autriche, l'Italie et la Grèce; sur un quatrième, la Russie, l'Espagne et les États-Pontificaux. Toujours même parallélisme.

Il y a là un enseignement.

CHAPITRE II.

§ 1ᵉʳ. La gymnastique est la science raisonnée des mouvements; elle a pour but le développement régulier du corps, l'accroissement et l'équilibration de toutes les forces de l'organisme. Un résultat si important ne peut être obtenu qu'à l'aide d'un enseignement méthodique et scientifiquement institué. On ne saurait dire le nombre des systèmes, des exercices variés, des machines qui ont été préconisés à cette fin depuis une cinquantaine d'années. Nous ne pouvons nous y arrêter. Cependant il nous paraît indispensable, avant que d'aborder l'objet principal de ce rapport et de montrer sur quelles bases s'appuie le travail de la commission et quelle direction elle a adoptée, de jeter un coup d'œil rapide sur les principales méthodes entre lesquelles est actuellement partagé l'enseignement de la gymnastique en Europe.

Ling (méthode suédoise) a pour devise : *La perfection physique et morale.* L'enseignement complet de la gymnastique comprend quatre grandes divisions : 1° la gymnastique pédagogique ou *subjective active*, qui enseigne à l'homme à soumettre le corps à sa volonté; 2° la gymnastique militaire ou objective active, qui apprend à l'homme à soumettre une autre volonté à la sienne, soit par ses propres forces, soit à l'aide d'instruments (les armes); 3° la gymnastique médicale ou kinésithérapie, *subjective passive*, qui apprend à l'homme à combattre les anomalies ou les maladies du corps, ou par lui-même ou avec le concours d'agents mécaniques; 4° la gymnastique esthétique ou objective passive, par laquelle l'homme cherche à manifester ses idées, ses sentiments, par des mouvements et des attitudes.

« La gymnastique pédagogique développe les prédispositions naturelles à l'unité d'action entre les différentes parties du corps.

« La gymnastique militaire cherche à établir l'unité entre le corps et l'arme, dans leurs rapports avec le corps et l'arme de l'adversaire;

« La gymnastique médicale s'efforce de rétablir l'unité d'action ou l'harmonie entre les parties du corps, qui, en raison de conditions anormales, l'ont perdue;

« La gymnastique esthétique exprime l'unité de l'âme avec le corps. »

Il insiste sur ce point que tout mouvement dont la direction et la durée sont déterminées est un mouvement gymnastique qui exprime une idée, et admet des mouvements déterminés et spécifiques ou indéterminés et non spécifiques; des mouvements actifs, des mouvements passifs, et enfin des mouvements doubles qui se produisent plus particulièrement par la réunion de deux volontés antagonistes, comme dans la lutte, par exemple. Tous les mouvements peuvent être variés à l'infini : on produit à volonté des mouvements actifs ou passifs, ou doubles, ou spécifiques actifs, etc. etc. Nous ne pouvons insister plus longuement sur l'énumération des faits et des idées qui constituent la méthode de Ling. Il est surtout à remarquer, pour ce qui est de sa gymnastique pédagogique, que les exercices qu'il recommande, ainsi que ses sectateurs, appartiennent aux mouvements élémentaires sans appareils d'abord, et plus tard avec quelques instruments portatifs appropriés à l'âge, à la force et au degré d'instruction gymnastique des élèves. L'ordre dans la progression des exercices, l'allure savante et réellement physiologique de cet enseignement, l'intérêt que le maître sait inspirer aux élèves, sont les points dominants de la méthode. En dehors de tout ce qui est afférent à la gymnastique médicale et qui est vraiment original, mais que la commission ne saurait utiliser pour l'édification de son œuvre, l'idée fondamentale de la gymnastique de Ling est une reproduction avec amplification d'une des méthodes les plus anciennes, et certainement la plus philosophique, celle de Platon, d'où dérivent la plupart des théories de la gymnastique moderne.

En effet, le philosophe d'Athènes se propose de développer à la fois *le corps et l'âme*. Il divise les mouvements gymnastiques en trois classes : 1° ceux que l'homme se donne à lui-même par sa volonté; il agit sur lui-même, il est le sujet de ses propres mouvements; tels sont : la danse, la course, le saut, le disque, l'homoplachie (exercices du corps utiles à la guerre), la chasse, la natation, la promenade à pied, la vocifération, etc. etc. (mouvements actifs de Ling); 2° les mouvements qu'il reçoit de l'extérieur en y soumettant sa propre volonté; tels sont ceux produits par l'oscillation dans des lits suspendus, par la balançoire, la promenade en litière, les bains, les frictions, les percussions, les froissements, le massage en un mot, etc. etc. (mouvements passifs de Ling); 3° les mouvements qui dépendent à la fois de sa propre volonté et d'une volonté et d'une force extérieures : l'équitation, la course des chars, la nautique, la lutte, le pugilat, etc. etc. (mouvements *doubles*, *doubles semi-actifs*, *ou doubles concentriques*, etc. etc. de Ling). Telle est en peu de mots, la théorie de la gymnastique suédoise complétement empruntée à la gymnastique de Platon, en ce qui concerne l'idée capitale, mais devenue scientifique par l'intervention de l'anatomie et de la physiologie comme bases de la progression des exercices.

§ 2. La méthode de A. Spiess est, avec celle de Ling, la plus suivie en Allemagne; elle a aussi pour point de départ l'anatomie, la physiologie et la diététique; pour règle invariable l'exécution en commun des exercices libres ou avec appareils. Les exercices libres (mouvements élémentaires) sont exécutés selon un rhythme déterminé. Elle diffère donc de la méthode de Ling par l'usage presque systématique des mouvements actifs rhythmés et des manœuvres d'ensemble.

Eiselen, qui fut aussi un des représentants les plus autorisés de la gymnastique allemande moderne, avait établi son enseignement sur les mêmes données scientifiques; mais il n'admettait pas comme règle invariable les mouvements rhythmés; les exercices isolés y prédominaient parfois. Eiselen se rapprochait plus de la méthode suédoise. Cependant, à tout bien considérer, si l'on élimine ce qu'il y a de trop athlétique, théâtral même et parfois d'abrupt pour l'enfance, dans les enseignements de Pestalozzi, de Basedow, de Salzmann, de Gutsmuth, de Jahn et d'Amoros, on reste convaincu que les méthodes d'Eiselen et de Spiess n'en diffèrent pas essentiellement. D'ailleurs, ces théories ne sont pas complétement adoptées en Allemagne, où des hommes du plus grand mérite, Rothstein et le docteur Kloss, ont institué un enseignement éclectique. Quelles que soient, en définitive, les divergences existantes entre ces méthodes, elles ont cela de commun que, dans l'une et l'autre, une grande part est faite à l'enseignement pédagogique et que toutes deux mettent en première ligne l'enseignement des manœuvres militaires aux enfants des écoles primaires et secondaires, et le maniement des armes aux élèves des classes supérieures.

§ 3. La gymnastique pédagogique de la Suisse [1] a pour fondateur Pestalozzi, pour sectateur Clias, son élève, et les successeurs de Clias. Longtemps elle s'est maintenue dans les règles que le maître avait tracées, sans aucun doute avec méthode, mais d'une manière tout à fait empirique. Mais l'expérience vint aux disciples qui, à l'exemple des gymnastes suédois, danois et allemands, comprirent qu'il ne peut y avoir de véritable enseignement pédagogique appliqué à l'enfance

---

[1] Bien que Spiess soit d'origine suisse et qu'il ait été professeur de gymnastique à Burgsdorff, sa méthode a été si largement adoptée en Allemagne qu'elle peut aujourd'hui être considérée comme allemande; Niggeler est le vrai représentant de la gymnastique suisse moderne.

sans l'intervention des données scientifiques (anatomie, physiologie, hygiène, etc.) et établirent une progression dans l'application des exercices à l'âge, à la force, à la constitution de leurs élèves, et préconisèrent principalement les mouvements élémentaires dans le jeune âge, puis associés à des instruments, ou encore les mouvements compliqués à l'aide de machines, mais avec une grande réserve, à une époque plus avancée de la jeunesse. *Niggeler*, inspecteur de gymnastique du canton de Berne, dont le manuel est l'expression la plus récente et la plus complète de l'enseignement de la gymnastique en Suisse, préconise surtout les mouvements actifs selon un rhythme modéré et en commun ; rarement il met en pratique les mouvements doubles ou synergiques, plus rarement encore les mouvement passifs et les exercices compliqués à l'aide de machines, dont il est d'ailleurs très-sobre. Il les réserve pour les élèves des écoles secondaires qui ont déjà un certain degré d'instruction gymnastique et auxquels les mouvements élémentaires sont depuis longtemps très-familiers. Son enseignement est divisé en gymnastique des écoles primaires, gymnastique des écoles secondaires.

Dans la première comme dans la seconde partie, les exercices préparatoires aux mouvements gymnastiques sont placés en première ligne, de telle sorte que chaque leçon commence par des manœuvres de peloton, des à droite et des à gauche, puis des marches en ligne, par le flanc, au pas modéré ou au pas de course, exécutés avec ensemble, méthode et beaucoup d'entrain. Puis viennent les mouvements gymnastiques proprement dits, tels que l'extension, la flexion des bras, des jambes, de la tête, du tronc ; les mouvements plus difficiles d'adduction, d'abduction et de rotation. Ce n'est que bien après qu'il prescrit les exercices variés à la corde, l'escrime, la canne, les barres parallèles et les exercices plus compliqués aux machines fixes, aux cordages, au trapèze. En un mot tous les exercices des agrès, du portique, sont réservés aux jeunes gens les plus avancés. Tel qu'il est, cet enseignement semble très-méthodique, et paraît devoir inspirer beaucoup d'attrait aux jeunes enfants. Il est essentiellement physiologique et destiné bien plus au développement harmonique du corps qu'à l'entretien de la santé, qu'à l'augmentation outrée des masses musculaires, et partant de la force physique. Mais il prépare singulièrement les élèves à acquérir plus tard ces deux qualités essentielles d'une constitution robuste, douée de résistance et de souplesse.

La gymnastique de Niggeler, sauf l'entrain, la légèreté, la progression méthodique des mouvements, est à peu de chose près la même que la gymnastique dite *allemande*.

§ 4. En France, l'immense majorité des gymnastes appartiennent à l'école d'Amoros et de Clias qui avaient été formés dans les gymnases de l'Allemagne et de la Suisse. Tous les deux avaient adopté, à l'exemple de leurs maîtres, l'application presque absolue des mouvements actifs. L'un, Amorós, insistait faiblement sur les mouvements élémentaires, procédait avec trop de rapidité aux exercices de force et mettait en usage une foule de machines qui nécessitaient une dépense d'efforts souvent inutiles, parfois nuisibles pour le jeune âge. Les leçons étaient rhythmées et données en commun. Cette méthode, par trop athlétique, a été depuis considérablement modifiée. Clias, au contraire, insistait bien quelque peu sur les mouvements élémentaires, mais, à l'exemple de ses prédécesseurs, il abordait trop vite et sans grande préparation les exercices de traction et de suspension qui sont peu en rapport avec le développement des jeunes enfants. Comme Amorós, il repoussait les mouvements passifs, et ne mettait en usage que les mouvements doubles ou synergiques pour des exercices très-restreints. Cet enseignement était incomplet et souvent en opposition avec les données scientifiques. Il a toutefois rendu de réels services.

Depuis, ces méthodes ont été complètement modifiées par les modernes gymnastes, parmi lesquels M. Laisné doit être cité. Par ses écrits et par son enseignement, il a puissamment concouru aux progrès de la gymnastique française. A l'aide de connaissances anatomo-physiologiques convenables, il est parvenu à régler la progression des exercices élémentaires qu'il a multipliés et appropriés à la force, à l'âge des sujets, et a contribué à réduire le nombre des machines et des instruments. A l'exemple d'Amorós, il a introduit le chant dans les leçons. Employer les mouvements actifs rhythmés, avec une certaine énergie pour les jeunes garçons, avec plus de souplesse et de lenteur pour les jeunes filles; parfois les mouvements passifs dans des cas particuliers, mais presque jamais dans la gymnastique pédagogique; exécuter autant que possible les mouvements en commun, tels sont les principes qu'il a cherché à faire prévaloir. Les applications de la gymnastique à la guérison de certaines maladies, dans ses deux gymnases des hôpitaux, ont donné de très-beaux résultats. Outre M. Laisné, plusieurs gymnastes de beaucoup de talent, à Paris, ont apporté des modifications essentielles aux méthodes d'Amorós et de Clias; il faut citer M. le colonel d'Argy, M. le capitaine Vergnes, M. le capitaine de Féraudy, commandant l'école normale de la Faisanderie, dont l'enseignement s'est considérablement perfectionné depuis quelques années; MM. Pascaut, Triat et quelques autres. Le défaut, jusqu'à présent, de la gymnastique française, c'est de manquer de bases scientifiques, et d'être par conséquent presque toujours empirique. En effet, très-peu de gymnastes ont préludé à leur instruction par des études d'anatomie et de physiologie: la plupart se sont moins préoccupés de l'éducation physique de l'enfance, comme auxiliaire de l'éducation intellectuelle, que de développer quand même la force. Cependant le programme de la commission de 1853 a, sous le double rapport de l'hygiène et de la pédagogie, amené un progrès considérable.

En somme, la gymnastique moderne de l'Allemagne, de la Suisse et de la France a la même origine; elle repose sur l'exécution des mouvements actifs et des mouvements synergiques rhythmés. Mais la gymnastique allemande et la gymnastique de la Suisse, éclairées par l'anatomie et la physiologie, ont pu devenir plus méthodiques, régulièrement progressives, et par conséquent mieux adaptées à la pédagogie. Les caractères des différentes races lui ont aussi imprimé un cachet particulier. Ainsi, en Allemagne, plus de roideur, de solennité, si l'on peut dire, dans l'exécution des mouvements; en Suisse, plus de régularité dans la méthode, plus de calme dans l'exécution; en France, moins de patience, de discipline et de régularité dans les exercices élémentaires en commun; le rhythme plus nerveux, un élan souvent exagéré dans l'exécution des mouvements compliqués, des machines et des agrès. Ici, la gymnastique est la science du perfectionnement de l'homme; là, elle est un peu trop considérée comme un simple amusement, comme une distraction utile peut-être.

Indépendamment de la méthode française proprement dite, divers procédés d'enseignement ont été proposés. Ces procédés, que l'on voudrait décorer du nom de méthodes, sont représentés par une série d'appareils qui ne peuvent être considérés que comme des moyens complémentaires de l'enseignement de la gymnastique. Il nous suffit de les mentionner d'une manière générale.

Il n'en est pas de même d'un travail adressé à la commission par un médecin distingué, M. le docteur Dally, dont le père était à la fois un érudit et un gymnaste habile, qui a laissé des travaux considérables sur l'histoire de la gymnastique et l'utilité des exercices physiques. M. le docteur Dally fait reposer tout son système gymnastique sur l'anatomie et la physiologie. Il repousse les mouvements rhythmés et saccadés, qui sont toujours nuisibles, ce qui est en complète opposition avec les préceptes de la gymnastique allemande, suisse, française, et même d'une partie de la gymnastique suédoise. Les mouvements lents, les contractions musculaires prolongées, aidées d'inspirations musculaires profondes, sont les seuls exercices profitables au développement de l'organisme. La gymnastique est formellement contre-indiquée pour les très-jeunes enfants, qui se trouvent bien mieux des exercices libres, de la course, des jeux, etc. Les effets des exercices du corps, dit-il, se résument en peu de mots : un développement vrai, légitime, des organes qui y sont soumis. Mais pour atteindre ce but, il faut de toute nécessité que tous les organes qui y concourent entrent en activité. Ainsi, par exemple, si l'on porte les bras au-dessus de la tête, on met en jeu certaines portions du cerveau, certains nerfs, certains muscles, et le mouvement produit certains résultats physiologiques qui peuvent varier d'un minimum de a à un maximum de 10, et cela selon les circonstances variables dans lesquelles le mouvement aura été exécuté. On réalisera le minimum en faisant exécuter mollement et machinalement un mouvement, même à plusieurs reprises; tandis qu'au contraire le maximum sera atteint *par l'association de l'acte cérébro-musculaire pendant un temps déterminé de tension nervo-motrice.* De là, la nécessité des attitudes prolongées associées à la respiration profonde, ce qui constitue la vraie gymnastique pédagogique. Les poses sculpturales sont donc des exercices essentiels; les exercices qui exigent des appareils gymnastiques doivent être, par conséquent, ou bannis ou exceptionnellement utilisés.

Ce n'est pas ici le lieu de discuter cette méthode qui nous a été présentée avec une grande facilité d'exposition, mais qui ne nous a pas semblé d'une application facile à la gymnastique pédagogique dans les écoles populaires et dans les lycées. Il est cependant des propositions qui avaient été déjà examinées par la commission avec une scrupuleuse attention et admises en principe. Nous y reviendrons en exposant le programme adopté par la commission.

§ 5. Quoi qu'il en soit de ces différentes méthodes, ce doit être le point le plus important de l'enseignement de la gymnastique pédagogique, que de la mettre en harmonie avec l'âge, la constitution des enfants et le plan d'études des différentes écoles, ou en d'autres termes d'instituer cet enseignement de façon à ce qu'il suive une progression parallèle au programme des études sérieuses, selon la capacité physique et intellectuelle des élèves. Pour atteindre ce but, des connaissances anatomo-physiologiques sont indispensables. Ne faut-il pas, en effet, savoir quelle est la source des mouvements, comment ils sont produits, quels en sont les organes, et enfin quels résultats physiologiques locaux ou généraux ils peuvent donner?

Trois systèmes d'organes concourent à la formation des mouvements: les os, parties inertes formant les leviers; les muscles, instruments actifs, et le système nerveux cérébro-spinal. Le cerveau commande, et le cervelet coordonne les mouvements; le cordon médullaire conduit, et les nerfs qui en émergent transmettent l'excitation volontaire aux muscles qui se contractent et produisent le mouvement. Il est donc indispensable que l'intelligence intervienne dans l'exécution d'un mouvement régulier déterminé qui constitue un mouvement gymnastique, car l'attention est d'abord éveillée, puis le jugement entre en action, et enfin la volonté. Cette série d'actes psychiques ne montre-t-elle pas que la gymnastique pédagogique n'a pas pour seul résultat de développer uniquement les forces physiques, mais que

bien comprise et sérieusement appliquée, elle devient une partie intégrante et indispensable de l'éducation.

Les muscles sont les organes actifs des mouvements. On distingue
en physiologie des mouvements simples ou composés. Les mouvements simples sont produits par des muscles dont la direction est
rectiligne, etc. Les mouvements composés résultent de l'action de
plusieurs muscles, et la partie qui est en rapport avec eux reçoit un
mouvement dans le sens de la résultante des forces opposées. Les
mouvements composés présentent encore d'autres variétés : ainsi lorsque deux muscles ayant une direction opposée se contractent, les parties auxquelles ils s'insèrent restent immobiles; au contraire, si deux
muscles qui ont une direction et des insertions parallèles se contractent, il y a augmentation de la force produite par l'addition des deux
actions : c'est ce qui concourt à former les mouvements gymnastiques
synergiques.

La gymnastique ne peut admettre au même titre des mouvements
simples et des mouvements composés. Il est, en effet, presque impossible, dans un enseignement qui s'appuie sur la théorie des mouvements actifs rhythmés, de faire, dans un exercice d'ensemble, contracter
tels ou tels muscles isolément. La dénomination de mouvements
simples s'appliquera donc au mouvement le plus élémentaire que l'on
puisse faire exécuter à un membre ou à une portion de membre; mais
si simple, si élémentaire que soit ce mouvement, il y aura toujours
une série de muscles mis en action. Ainsi par exemple, dans la flexion
de l'avant-bras sur le bras, qui est un des mouvements gymnastiques
les plus élémentaires, il y aura une série de muscles qui se
contracteront activement, tels que les fléchisseurs des doigts, le
biceps brachial, etc. ; tandis que les muscles opposés subiront dans le
même temps une élongation qui équivaudra à un mouvement passif
bientôt remplacé par une contraction active dans l'extension du
membre, et réciproquement pour les muscles qui auront été actifs en
premier lieu.

Quant aux mouvements composés, ce ne sont plus de simples mouvements d'extension ou de flexion, d'élévation ou d'abaissement en
deux ou plusieurs temps ; ce sont des mouvements dans lesquels se
contractent une série de muscles ou congénères, ou opposés, ou
alternes, tels que ceux qui accomplissent simultanément ou successivement les mouvements de flexion, d'adduction, d'abduction et de
rotation. En sorte que, toujours dans un exercice, si simple qu'il soit,
il y aura un nombre de contractions musculaires, simultanées ou
successives, suivies de l'élongation d'un plus ou moins grand
nombre de muscles. Il est de la plus grande importance de ne pas
perdre de vue ces notions élémentaires dans l'application des exercices
gymnastiques aux différentes époques de l'enfance et de la jeunesse.

Il faut également savoir que les muscles sont disposés suivant des inclinaisons variées, juxtaposés par leurs faces, groupés ou isolés les uns des autres par leurs enveloppes aponévrotiques; qu'il y en a de longs, de larges, de courts (ces mots et les idées qu'ils représentent n'ont pas besoin d'explication); que leur volume varie selon les différentes parties du corps et est en rapport avec la somme d'efforts qu'ils doivent produire ou, en d'autres termes, avec la masse qu'ils doivent mettre en mouvement.

Mais, quelle que soit sa forme et la région qu'il occupe, lorsqu'un muscle se contracte sous l'incitation de la volonté, il se gonfle et durcit; la fibre musculaire, conservant sa longueur absolue, se plisse, de manière que ses deux extrémités se trouvent rapprochées l'une de l'autre; le muscle lui-même se trouve ainsi raccourci sans que sa masse ait changé, car le volume d'un muscle qui se contracte est le même que celui d'un muscle à l'état de repos. Ainsi donc le mouvement est l'effet de la contraction musculaire dont le système nerveux est l'excitant; mais, dans un muscle qui se contracte, il se fait une série de décharges nerveuses qui, d'abord indispensables à son activité fonctionnelle ainsi qu'à sa nutrition, le fatiguent et l'épuisent lorsqu'elles sont trop prolongées; rien n'est plus impérieux que ce sentiment de fatigue, ce besoin de repos qui suit les mouvements exagérés; rien n'est plus douloureux qu'une contraction trop soutenue, qui peut avoir pour résultat définitif une altération profonde de la nutrition musculaire.

Dans l'état de repos, les muscles absorbent de l'oxygène, et dégagent de l'acide carbonique, de l'azote et produisent de la chaleur : les éléments de cette combustion sont fournis par la circulation. La contraction musculaire, en accélérant la circulation, active la combustion des éléments nutritifs qu'elle apporte; de là un dégagement plus considérable de l'acide carbonique et une augmentation de la chaleur. Mais les effets du mouvement ne se réduisent pas à cela, car l'activité que la contraction musculaire imprime à la circulation n'est pas seulement locale : elle se généralise et entraîne consécutivement une accélération dans les mouvements respiratoires, d'où dérive une nouvelle source de chaleur. Ainsi, en accélérant et en augmentant l'activité des phénomènes physico-chimiques les plus essentiels de la nutrition, l'exercice favorise également une répartition égale dans toutes les parties de l'économie de ces actes physiologiques qui sont toujours en rapport avec l'énergie des efforts, le nombre des muscles en mouvement et la prolongation des contractions. Comme conséquence immédiate, il entraîne la nécessité d'une réparation incessante, donne de l'activité aux fonctions digestives, à l'absorption et à l'assimilation des substances alimentaires, qui, elles-mêmes, accroissent l'absorption de l'oxygène, le dégagement de l'acide carbonique, et la répartition de la chaleur, d'où l'équilibre dans l'harmonie des fonctions et l'augmentation des forces générales. Mais il importe bien de remarquer que l'absorption de l'oxygène n'est pas la même à toutes les époques de l'existence; que, faible dans la première enfance, elle s'accroît avec les années durant l'adolescence et jusqu'à la période extrême de l'âge viril, car elle est intimement liée à l'accomplissement des mouvements actifs du corps et décroît dans la vieillesse; que les muscles n'ont pas, à toutes les périodes de la vie, la même force de contraction : leur volume est beaucoup moindre dans l'enfance et la vieillesse que dans l'adolescence. De même les excitations volontaires qui leur viennent du système nerveux cérébro-spinal sont plus faibles aux deux extrêmes de la vie que dans les âges intermédiaires.

Les os, qui constituent l'appareil passif de la locomotion, obéissent aux mêmes lois de développement que les autres organes. Leur tissu, moins dense et d'une moindre consistance dans l'enfance, se durcit progressivement dans la jeunesse et l'âge viril, sous l'influence des matériaux de nutrition que leur fournit incessamment la circulation, et de même que l'augmentation de leur densité favorise l'accomplissement des mouvements réguliers, de même ces mouvements concourent à y accélérer le travail d'organisation, à leur donner, comme cela est pour les muscles, du volume, de la consistance et de la force de résistance. Tout l'organisme, en un mot, reçoit la même action bienfaisante, nous l'avons déjà dit [1].

[1] Il n'est pas sans intérêt d'indiquer sommairement ici l'époque de l'ossification définitive et de la soudure des diverses parties du squelette.

Le système osseux présente une évolution lente et peu régulière ; dès les premières semaines de la vie intra-utérine, apparaissent des pièces cartilagineuses qui doivent être plus tard des os ; vers le trente-quatrième jour, les premiers points d'ossification peuvent être constatés ; à la naissance, la plus grande partie des os sont formés, mais encore très-peu résistants ; et cette ossification complète ne s'accomplit qu'avec les années. L'ossification absolue n'est définitive que vers la vingt-cinquième année. Voici dans quel ordre s'accomplit la soudure des diverses épiphyses :

MEMBRES SUPÉRIEURS. — *Humérus :* extrémité supérieure, par deux points d'ossification, de 8 à 9 ans ; extrémité inférieure, de la dixième à la seizième année ; la réunion des épiphyses au corps de l'os, de 16 à 18 ans.

Cubitus : soudure de l'extrémité supérieure, de 15 à 16 ans; de l'extrémité inférieure, de 18 à 20 ans.

Radius : vers l'âge de 12 ans pour l'extrémité supérieure, de 18 à 20 ans pour l'extrémité inférieure.

MAIN. — *Carpe :* les points d'ossification apparaissent à la fin de la première année pour certains os qui composent le carpe, et elle n'est définitive que vers l'âge de 12 ans pour d'autres. La soudure des extrémités au corps de chaque os métacarpien n'est complète que de 18 à 20 ans, comme pour les phalanges des doigts.

BASSIN. — De 12 à 15 ans et jusqu'à 25 ans.

Nous n'insisterons pas davantage. Ces brèves indications sur la source de la contraction musculaire comme cause des mouvements et sur les résultats physiologiques qu'ils fournissent, montrent surabondamment quels avantages on doit retirer des exercices corporels bien réglés comme partie intégrante de l'éducation, et quelles fâcheuses conséquences peuvent résulter de leur application intempestive ou exagérée, ou d'un repos absolu. En somme, l'exercice active les digestions, excite l'appétit, provoque des mouvements respiratoires plus amples et plus fréquents, accélère la circulation et, par conséquent, favorise l'accomplissement des divers actes de la nutrition. Le repos qui le suit est plus complet, le sommeil plus profond; l'énergie et le volume des muscles et des os en sont augmentés, la constitution tout entière plus harmoniquement développée. Mais, par contre, si l'exercice est porté au delà des limites compatibles avec l'âge et la constitution individuelle, il peut en résulter ou un développement anormal des organes de la locomotion et un affaiblissement intellectuel proportionné, ou, à un degré plus avancé et dans des circonstances particulières, une fatigue corporelle et un dépérissement plus ou moins considérable.

Cela suffit pour faire comprendre, sans entrer dans la discussion des différentes méthodes d'enseignement de la gymnastique pédagogique que nous avons précédemment examinées, pourquoi nous recommanderons expressément l'enseignement collectif des mouvements actifs rhythmés, à la condition qu'ils ne seront ni trop saccadés, ni brusques, ni forcés, car ils pourraient être préjudiciables, aux jeunes enfants surtout, au même titre que des contractions musculaires lentes et trop prolongées, qui, nécessitant une tension nervo-musculaire énergique et persistante, entraîneraient à la longue une fatigue générale, notable, et, par suite, un affaiblissement de l'organisme.

§ 6. Le programme que nous avons l'honneur de vous présenter,

VERTÈBRES. — De 15 à 18 ans elle est définitive.

MEMBRES INFÉRIEURS. — *Fémur* : vers la fin de la dix-neuvième année pour l'extrémité supérieure et de la vingtième année pour l'extrémité inférieure.

Rotule : vers 2 ans et demi.

Tibia : réunion des extrémités supérieures et inférieures au corps de l'os, de 18 à 25 ans.

Péroné : de 20 à 25 ans.

PIED. — *Tarse* : commencée après la naissance pour certains os, l'ossification est complète vers la quinzième année pour d'autres (le calcanéum).

Métatarse : de 18 à 19 ans.

Phalanges des orteils : de 17 à 18 ans.

Clavicule : de 15 à 18 ans.

Omoplate : dans le cours de la quinzième année.

Sternum : de 18 à 20 ans pour le corps ; l'ossification complète de l'appendice n'est réelle que de 40 à 50 ans.

Monsieur le Ministre, repose entièrement sur ces données anatomo-physiologiques. Si le nombre des exercices y trouve un peu plus restreint que dans beaucoup de traités complets de gymnastique, il est néanmoins plus grand que dans le programme de 1853. On verra facilement combien la progression en est mesurée, méthodique et réellement proportionnée à l'âge, à la force et au développement intellectuel des élèves. La Commission s'est surtout attachée à exclure, pour le jeune âge et spécialement pour les élèves des écoles primaires, les exercices qui nécessitent un grand déploiement de force : les tractions, les suspensions et quelques autres exercices plus compliqués, tels que ceux du cheval de bois, de la planche à ramer, des cordes ascendantes obliques, les marches en arrière sur les poutres, le trapèze de voltige, etc. etc., qui pourraient être et qui ont parfois été l'occasion d'accidents. Elle a insisté particulièrement, pour les très-jeunes enfants, sur des mouvements élémentaires simples et compliqués, avec ou sans haltères. Les manœuvres aux agrès du portique ont été sévèrement limitées pour les premières années, et plus largement dispensées aux élèves qui atteignent la quinzième ou la seizième année. Mais il est un point auquel nous tenons énergiquement, c'est que les exercices de la natation à sec et la natation elle-même soient enseignés avec une grande persistance. Enfin, bien que la Commission sache ce que l'on peut obtenir, au point de vue de la force et de la souplesse, des exercices de la lutte corps à corps et de la boxe française, elle s'est décidée à les supprimer, au moins jusqu'à nouvel ordre, quoiqu'ils soient adoptés dans quelques établissements scolaires, où les élèves les acceptent avec un grand plaisir. La pensée qu'ils pourraient parfois dégénérer en luttes plus sérieuses a été le seul mobile de cette suppression.

§ 7. Nous arrivons maintenant à l'interprétation du programme et des exercices qui le composent. C'est la partie la plus aride de notre tâche : nous ferons en sorte de l'abréger.

Afin de dresser un programme méthodique des exercices convenables aux divers âges et dans les différentes catégories d'établissements scolaires, il était essentiel de maintenir la distinction naturelle qui existe entre ces établissements, ce qui nous a conduits à adopter la division suivante : *A* programme pour les écoles primaires ; *B* pour les lycées et collèges ; *C* pour les écoles normales primaires. Cela étant fixé, il s'agissait de savoir comment et à quel moment seraient enseignées les manœuvres militaires. Devraient-elles être enseignées à part ou bien devraient-elles entrer dans le programme de la gymnastique ? Les manœuvres militaires qui consistent, on le sait, en des mouvements réglés et parfaitement déterminés, en des attitudes variées du corps, en des marches, des contre-marches, qui nécessitent l'intervention limitée, sans aucun doute, des phénomènes intellectuels, ne sont point encore, à vrai dire, des exercices gymnastiques, mais elles y préparent singulièrement. Elles ont cet avantage d'habituer les enfants à se bien tenir et de les pénétrer du sentiment de l'ordre. Pour ces raisons, de même que pour éviter le reproche de vouloir par trop spécialiser l'enseignement militaire, il a semblé naturel de les introduire dans le programme, à titre d'exercices préparatoires, de telle sorte que chaque série de leçons commence par des manœuvres qui correspondent à l'école du soldat, à l'école de peloton et de bataillon. C'est ainsi que cela se pratique dans la plupart des gymnases de l'Europe (l'Allemagne du Nord, la Suède, la Norwége, le Danemark, la Belgique, la Suisse et la Hollande). Mais ici se présente une objection : Par qui ces manœuvres seront-elles enseignées ? La plus grande partie des instituteurs des campagnes seront nécessairement chargés de la gymnastique, car les communes rurales ne sont point assez riches pour avoir un professeur spécial ; les instituteurs ne connaissent déjà que faiblement la gymnastique et point du tout les manœuvres militaires. En second lieu, dans les écoles primaires des villes et même dans les lycées et un grand nombre de colléges, il faudra appeler en même temps un militaire, ce qui fera un double emploi. Il est positif que, pendant un certain temps, la plupart des instituteurs ne connaîtront pas la théorie des exercices militaires ; mais le temps n'est pas éloigné où, d'après le mode adopté par la Commission pour le recrutement des professeurs de gymnastique, les instituteurs sauront, comme s'ils eussent été dans l'armée, ces manœuvres aussi bien que la gymnastique elle-même. L'enseignement des exercices militaires s'organise en ce moment dans les écoles normales de l'Académie de Paris. D'ailleurs, les premières leçons de gymnastique ne commencent-elles pas toujours par la formation des pelotons, le règlement des distances, les marches de front et de flanc, etc. etc. qui rentrent dans la théorie des exercices militaires ? et puis, en attendant, il sera certainement facile, dans les campagnes comme dans les chefs-lieux de canton, de trouver quelque soldat en congé qui pourra concourir, soit bénévolement, soit en recevant une très-faible rétribution, à instruire les élèves concurremment avec l'instituteur. Pour les lycées et colléges, il y aura moins d'inconvénient à prendre un maître spécial tiré d'un des régiments de la garnison, ou quelque officier ou sous-officier en retraite qui imposera aux élèves et maintiendra plus de discipline et de régularité dans les pelotons.

§ 8. Cette division étant admise, il était naturel de commencer le programme par les écoles les plus nombreuses, les écoles primaires, qui reçoivent une population plus considérable et plus jeune. En portant toute sa sollicitude sur cette partie du programme qu'elle a dû établir sur des bases aussi larges que possible, la commission était dominée par la nécessité d'instituer une progression très physiologique et méthodique qui pût, avec quelques additions, servir également aux lycées ainsi qu'aux écoles normales primaires. Mais la difficulté était d'approprier les exercices aux différents âges, et l'on sait que l'âge moyen de rentrée et de sortie dans les écoles primaires et dans les lycées et collèges n'est pas la même; la population est beaucoup plus jeune dans celle-ci que dans les établissements universitaires du second degré. En conséquence, il a fallu établir une limite d'âge et une division pour les écoles primaires afin de proportionner la progression des exercices, et une autre limite pour les lycées et collèges, avec addition pour chaque catégorie d'âge dans ces derniers établissements.

A. Ainsi, pour les écoles primaires qui reçoivent beaucoup d'enfants de six, sept et huit ans, la commission a pensé qu'il n'était ni utile ni profitable de faire commencer la gymnastique avant huit et neuf ans. A cet âge, les mouvements réglés et disciplinés présentent peu d'attraits; ils peuvent être très-fatigants et même nuisibles s'ils ne sont pas parfaitement proportionnés à la force et à la constitution des enfants qui n'en comprennent pas l'utilité et, partant, s'en dégoûtent facilement. L'enfance a besoin de la liberté de ses mouvements; les exercices et les jeux qu'elle improvise conviennent mieux à la mobilité de son caractère et à ses aptitudes physiques. Cependant, afin d'habituer peu à peu les petits enfants à se réunir pour des exercices en commun et des mouvements d'ensemble, nous avons pensé, Monsieur le Ministre, que les instituteurs devraient être invités à leur faire exécuter *les petits jeux gymnastiques de Mme Pape Carpentier*, qui sont adoptés pour les salles d'asile. Ces petits exercices, mêlés de chants qui instruisent l'enfance et l'amusent beaucoup, ont l'avantage de l'initier à une foule de pratiques des divers métiers.

En somme, le programme de l'enseignement gymnastique des écoles primaires a été divisé de la manière suivante : 1° pour les enfants de neuf ans et au-dessous : en s'abstenant de fixer une limite d'âge inférieure, la commission comprend qu'on ne descendra pas au-dessous de huit ans ou de sept ans, et encore à cette condition que l'on n'acceptera (à sept ans) que des enfants assez bien constitués, robustes et d'une intelligence assez développée pour comprendre ce que l'on veut obtenir d'eux; 2° pour les enfants de neuf à onze ans; 3° pour ceux de onze à quinze ans et au-dessus.

L'enseignement dans chacune de ces divisions commence par des *mouvements préliminaires* qui ne sont autres que des manœuvres militaires, puis viennent les *exercices élémentaires*, c'est-à-dire les mouvements simples d'élévation, de flexion, antérieure ou latérale, des membres supérieurs, puis des membres inférieurs et enfin du tronc.

Ainsi, pour la première division (de neuf ans et au-dessous) *les mouvements préliminaires* comprennent la formation des pelotons, la station régulière du corps et jusqu'au principe du pas direct, modéré ou accéléré[1]. Les *exercices élémentaires*, au nombre de vingt-quatre (ils pourraient facilement être multipliés) sont réglés selon une progression très-rationnelle et vraiment appropriée à l'âge des élèves. Ils commencent par les mouvements les plus simples : les flexions de la tête, celle des avants-bras sur les bras, suivie de l'extension en deux temps. Puis viennent les mouvements en quatre temps, auxquels succèdent les mêmes exercices pour les membres inférieurs, à commencer par les mouvements produits par la contraction des extenseurs et des fléchisseurs du pied, ensuite de la jambe et de la cuisse en deux ou quatre temps. Alors les membres supérieurs sont exercés en même temps que les membres inférieurs, et enfin viennent les flexions en avant, en arrière et latérales du tronc, de façon à ce que successivement tous les muscles du corps soient exercés, mais sans fatigue.

Il est un point sur lequel nous insistons, c'est que cette série d'*exercices élémentaires*, comme d'ailleurs tous les mouvements d'ensemble qui font partie du programme, aussi bien pour les écoles primaires que pour les lycées et les écoles normales primaires, soient rhythmés et que les élèves soient astreints à compter à haute voix les divers temps qui les composent. Ainsi, par exemple, le maître commande : Mouvement vertical des bras sans flexion, en deux temps ! il exécute aussitôt, pour montrer aux élèves, en comptant : un, deux, et ceux-ci comptent également comme le maître. Il y aurait même un grand intérêt à ce que tous ces exercices fussent accompagnés de chants appropriés, tels que les chants gymnastiques d'*Amoros* et ceux que M. Laisné a publiés dernièrement ; car, outre que l'émission des sons occasionne des inspirations plus profondes et plus fréquentes, qui concourent efficacement au développement de la cage thoracique et à l'augmentation du volume et de la force des muscles qui s'insèrent aux différentes pièces qui la composent, les chants contribuent puissamment à donner de l'ensemble aux exercices, qui sont exécutés avec plus de vigueur et d'entrain ; c'est un moyen d'occuper l'intelligence en même temps que le corps, et un amusement pour les élèves. Mais nous comprenons qu'il y aurait, au moins pour le moment, de grandes difficultés à obtenir la généralisation de cette

---

[1] Le pas *ordinaire* a été depuis longtemps rayé de la théorie de l'école du soldat ; rien, en effet, n'est moins ordinaire et moins physiologique que ce pas lentement exécuté, la pointe du pied basse et le jarret tendu.

prescription à titre obligatoire; nous nous bornons donc, Monsieur le Ministre, à vous en signaler l'utilité.

Enfin, les exercices élémentaires doivent être répétés également en commun et rhythmés, les élèves étant armés de haltères proportionnés à l'âge et à la force des enfants (un demi-kilogramme, un kilogramme, etc.), de telle sorte qu'aux mouvements d'assouplissement succèdent progressivement les exercices destinés à l'augmentation des masses musculaires et par conséquent de la force. Afin de n'y pas revenir, ces prescriptions s'appliquent à tous les mouvements élémentaires rhythmés des autres parties du programme.

Avant d'arriver aux exercices qui demandent une grande dépense de forces, il était indispensable de multiplier les mouvements élémentaires qui concourent puissamment à assouplir les membres, à donner de la vigueur aux muscles et plus de flexibilité aux articulations. Sous ce rapport, les exercices de la barre à sphères ou de la canne, inventés par Andry, recommandés par Tissot et considérablement multipliés depuis, sont d'une incontestable utilité. Pour cette première série, onze exercices numérotés, les plus élémentaires et les plus faciles à exécuter par de très-jeunes enfants, ont été choisis. D'abord les bras seuls sont exercés, puis le tronc et les jambes simultanément.

En choisissant pour les très-jeunes enfants des barres à sphères en bois ou de simples bâtons longs de 1ᵐ, 50, la commission n'a point l'intention d'interdire pour ceux qui sont vigoureux les mêmes instruments en fer creux de 1 kilogramme pour cette première série, et de 4, 6, 8 et même 10 kilogrammes pour la troisième série des lycées et des écoles normales primaires. Mais le prix, quoique minime, constituerait une dépense trop onéreuse pour la plupart des écoles primaires, et c'est une des raisons qui ont arrêté le choix de la commission sur les instruments en bois, d'un prix de revient très-inférieur et par conséquent à la portée de la plupart des écoles primaires.

Après avoir, par des mouvements élémentaires rhythmés, contribué à l'assouplissement progressif et sans fatigue des articulations et habitué les muscles des différentes parties du corps à des contractions régulières assez énergiques, il était naturel de prescrire les exercices dans lesquels ces mouvements trouvent leur application immédiate et qui, pour cette raison, portent la dénomination d'*exercices d'application*: telles sont les diverses espèces de courses (cadencée, sinueuse, en spirale, dans les chaînes gymnastiques), qui habituent les enfants à des efforts prolongés sans épuiser leurs forces, les divertissent beaucoup et nécessitent parfois une certaine intelligence et une attention soutenue. Les différentes espèces de sauts de pied ferme ou précédés d'une course terminent ces exercices d'application. Pour cette première série, les sauts en hauteur ou profondeur ont été limités à 60 ou 80 centimètres, à peu près.

Quant aux manœuvres à l'aide des machines ou des instruments, la commission est convaincue qu'elles n'offrent pas de grands avantages à cet âge (de neuf ans et au-dessous), et qu'il peut être parfois dangereux de faire exécuter à des enfants, dont beaucoup ne sont pas très-robustes, des exercices de traction et de suspension, en raison du peu de solidité des soudures épiphysaires des os et du peu de développement des masses musculaires. Elle les aurait donc complétement supprimées dans cette partie du programme, si elle n'eût reconnu la nécessité d'une grande variété dans les leçons ; mais, tout en les acceptant, elle en a parcimonieusement limité l'usage. Ainsi le trapèze n'existe point encore ; quatre exercices d'ascension verticale à l'aide des mains et des pieds ont été seuls conservés (petit mât, corde à consoles, échelle de corde, corde à nœuds), avec la recommandation expresse qu'aucun élève ne les exécutera sans la présence du professeur, qui pourra ainsi donner les indications précises et aider aux premiers efforts des débutants.

Les exercices de la seconde partie (de neuf à onze ans) commencent également par des mouvements préparatoires qui correspondent à l'école de peloton, auxquels succèdent les exercices élémentaires ou d'assouplissement, un peu plus difficiles à exécuter. Ces mouvements se font par le flanc droit ou gauche, en quatre temps ; on y trouve les mouvements plus compliqués de circumduction des membres supérieurs et inférieurs, des mouvements d'élévation et de latéralité, successifs ou simultanés, qui sont un peu plus difficiles à exécuter, mais d'une incontestable utilité.

Les exercices de la barre à sphère ou de la canne leur succèdent comme dans la première série. Ils sont au nombre de dix, un peu plus difficiles, et demandent une plus grande souplesse et à la fois plus de force.

Ici les exercices *d'application* se trouvent notablement augmentés. Ce sont d'abord les poignées ou anneaux à l'aide desquels on fait exécuter les suspensions par les mains, les renversements en arrière et en avant, l'élévation du corps par la contraction lente et mesurée des muscles des bras et des avant-bras, la suspension par une seule main, etc. Tous ces mouvements exigent évidemment plus de force et d'adresse ; exécutés par des jeunes enfants ou par des débutants un peu plus âgés, ils pourraient être ou nuisibles ou dangereux ; mais après la première série des exercices que nous avons indiqués et qui ont été si progressifs, ces nouvelles manœuvres ne peuvent être que très-profitables au développement et à l'assouplissement du corps.

Après ces exercices qui exigent une certaine force et de l'adresse, il devenait indispensable d'en prescrire qui fussent destinés à reposer les enfants de ces diverses évolutions : tels sont ceux de l'échelle, ou, pour être plus complet, des échelles orthopédiques. Quoique des coutractions musculaires soient encore requises pour l'exécution de ces exercices, ils diffèrent notablement des précédents. Jusqu'à présent, on n'a demandé aux élèves que des mouvements actifs, rhythmés, plus ou moins énergiques et rapides. L'échelle orthopédique offre cet avantage qu'elle ne fait appel qu'à des contractions musculaires, lentes, persistantes et synergiques, en même temps qu'elle sert à conserver et à ramener la rectitude du corps; en effet, ne voit-on pas beaucoup de jeunes enfants, assez peu développés et faibles, dont la tenue laisse à désirer, qui se penchent souvent en avant, ou un peu trop en arrière, ou bien qui ont une épaule plus élevée que l'autre? Ces diverses inclinaisons vicieuses, qui pourraient s'accroître par des exercices trop vigoureux ou par de mauvaises positions que les élèves prennent souvent dans les classes en écrivant, lorsque leurs maîtres ne les surveillent pas avec assez d'attention, sont facilement combattues par les exercices de l'échelle orthopédique.

Cinq exercices seulement sont recommandés dans cette série (de neuf à onze ans); mais, pour rendre ces mouvements réellement très-profitables aux différentes variétés d'inclinaisons du corps, il serait utile, dans un gymnase bien organisé, d'avoir trois échelles différentes: une convexe, une plane et une légèrement concave. Nous savons bien que la plus grande partie des écoles primaires ne sera pas en mesure de faire cette dépense, si faible qu'elle soit; toujours est-il que les lycées et les écoles normales primaires pourront les utiliser avec profit.

Enfin, les manœuvres d'application se continuent par les cordes lisses, les barres à suspension, le saut en profondeur simple en avant, l'échelle de bois, les barres parallèles fixes, les sauts continus à pieds joints, les perches oscillantes et enfin le trapèze. Les barres à suspension, les barres parallèles et le trapèze paraissent ici pour la première fois et les exercices qui y sont exécutés sont des plus simples et des plus limités. Ce seul énoncé suffit pour montrer avec quel soin la commission s'est préoccupée de diversifier tous ces exercices, autant pour introduire une grande variété dans les leçons que pour ne pas fatiguer les élèves par la répétition trop prolongée de mouvements et d'efforts semblables ou analogues portant sur les mêmes muscles, sur les mêmes membres.

La troisième partie, qui est destinée aux enfants de onze ans et au-dessus (c'est-à-dire jusqu'à quinze et même seize ans, limites extrêmes de l'âge des élèves des écoles primaires), est composée des exercices préparatoires qui répondent à la dernière partie de l'école de peloton, de mouvements élémentaires rhythmés et non rhythmés. Les mouvements non rhythmés consistent en divers essais d'équilibration tantôt sur un pied, tantôt sur l'autre, au moyen desquels on provoque des contractions musculaires lentes et synergiques; puis viennent les mêmes mouvements élémentaires rhythmés que dans les deux premières séries, mais plus variés et exécutés en marchant en avant et en arrière. Les temps qui les composent devront toujours être comptés à haute voix par les élèves.

Les exercices d'application qui suivent et terminent cette troisième partie sont considérablement augmentés et complétés par les marches sur un plan incliné, dont l'utilité ne saurait être méconnue, les courses de vitesse, les mouvements de la natation à sec et enfin les jeux d'adresse tels que le tir à l'arc et le lancement de la barre, qui, à la fois propres à développer l'action d'un très-grand nombre de muscles et à donner de la précision dans les mouvements, demandent de l'intelligence et de l'attention.

Le programme des écoles primaires paraîtra peut-être un peu long. La commission, qui avait aussi à établir celui des lycées et colléges et des écoles normales, a trouvé légitime de prendre les écoles primaires comme base de la progression des exercices, en faisant toutefois cette réserve que celles de ces écoles dont les moyens seraient insuffisants pour se procurer les machines et les agrès nécessaires à l'exécution littérale du programme ne seraient tenues de s'y conformer que dans les limites de leurs ressources. D'ailleurs, il restera toujours, si minimes que soient les sacrifices qu'elles pourront faire, un assez grand nombre d'exercices préparatoires élémentaires, et suffisamment de mouvements d'application à des machines peu coûteuses pour un enseignement pédagogique profitable sous tous les rapports.

§ 9. Monsieur le Ministre, Votre Excellence remarquera peut-être l'avantage de la division que nous avons adoptée. Le programme si complet des écoles primaires sera applicable aux lycées, colléges, ainsi qu'aux écoles normales primaires, en y ajoutant seulement quelques exercices qui complètent, pour chacune de ces catégories d'établissements universitaires, une série de mouvements appropriés à l'âge, à la force et à l'aptitude des élèves.

B. Ainsi, dans les lycées qui reçoivent une population plus instruite et en moyenne plus âgée que les écoles primaires, où les études se prolongent davantage, la division a été établie de la manière suivante :

1re partie. — Élèves de douze ans et au-dessous. En ne précisant pas l'âge minimum des enfants des lycées et colléges qui devront être conduits aux exercices gymnastiques, la commission a pensé que, la moyenne des plus jeunes étant de neuf et dix ans, il était inutile de fixer cette limite inférieure d'une manière plus positive. Quant aux quelques élèves de sept à huit et à neuf ans qui sont dans les lycées, elle croit qu'il est convenable, ou de les laisser jouer librement, ou si l'on se décide à les présenter au gymnase, de ne les exercer qu'aux mouvements préliminaires et élémentaires, pour des raisons que nous avons déjà suffisamment fait connaître.

2e partie. — De douze à quinze ans.

3e partie. — De quinze ans et au-dessus. Cette limite supérieure ne pouvait non plus être déterminée, puisque beaucoup d'élèves terminent leurs études à seize et dix-sept ans, alors que d'autres, et ils sont nombreux, les continuent jusqu'à dix-huit, dix-neuf et même vingt ans.

La première partie (pour les élèves de douze ans et au-dessous) embrasse tous les exercices qui forment le programme des écoles primaires. Il est bien entendu que ces exercices seront enseignés selon une progression méthodique et physiologique tirée de l'âge, de la force, de l'aptitude des jeunes élèves, et si quelques-uns ne se trouvaient pas en état, dans les deux ou trois années de ce cours, de pouvoir les exécuter d'une manière utile, ou même qu'ils fussent pour eux fatigants et nuisibles, il serait indispensable de ne pas les y contraindre; car ils pourront dans les années suivantes, alors que leur constitution aura acquis un plus grand développement et plus de force, les répéter encore pendant un certain temps.

En effet, la seconde partie (élèves de douze à quinze ans) comprend aussi tous les exercices du programme des écoles primaires, auxquels on en ajoute un très-petit nombre qui ont une très-grande importance. Tels sont ceux du vindas où s'exécutent les courses volantes vers la droite ou la gauche, en variant, selon la direction du cercle que l'on doit décrire, la position des mains, sur la corde verticale mobile qui sert à courir dans l'espace. Dans ces exercices qui plaisent beaucoup aux élèves, presque tous les muscles du corps sont mis en action, soit par des contractions actives, rapides, pour les muscles des membres inférieurs, soit par des contractions persistantes et synergiques pour les muscles fléchisseurs des avant-bras et des bras, les pectoraux, les muscles du dos, de la paroi abdominale, etc. etc.

Le saut du tremplin, où nous n'arrivons qu'après avoir longtemps fait exécuter les divers sauts de pied ferme et en courant, en largeur, hauteur et profondeur; divers mouvements d'une exécution plus difficile sur la poutre horizontale (au nombre de sept), et quelques autres manœuvres de l'échelle orthopédique dont nous avons déjà fait ressortir l'utilité, complètent cette seconde partie.

La troisième partie (élèves de quinze ans et au-dessus) répétera tout ce qui précède. Alors les élèves, plus vigoureux et plus habiles, seront exercés aux luttes de traction, qui excitent l'émulation, stimulent la volonté et mettent en action presque tous les muscles du corps, qui se contractent d'une manière persistante et non saccadée (mouvements objectifs actifs). Puis viennent d'autres mouvements un peu plus avancés que dans les deux premières parties ; tels sont les sauts en arrière, à la perche, etc.; diverses autres manœuvres plus difficiles et qui exigent plus de force, de dextérité et d'application : à l'échelle de bois horizontale (six exercices); à la corde lisse verticale, à l'aide des mains seulement; à la poutre horizontale, et enfin à la planche à rétablissement qui figure pour la première fois dans le programme. Ces exercices de la planche à rétablissement, destinés à augmenter la vigueur des muscles, des avant-bras, des bras et des épaules, demandent et beaucoup d'adresse et un développement acquis par une instruction préalable très-variée et progressive. Les faire exécuter à des élèves trop jeunes, ce serait courir le risque d'accidents parfois sérieux.

Le maniement du fusil complète le programme de cette troisième partie des lycées et colléges pour les élèves de seize à dix-huit et à vingt ans qui auront, depuis longues années, appris toutes les manœuvres de l'école du soldat, de l'école de peloton. Hésitante d'abord, la commission, après un examen très-sérieux, a cru devoir, en adoptant ces exercices, donner satisfaction aux demandes si nombreuses qui vous sont parvenues, Monsieur le Ministre, de tous les points de la France. D'autres considérations ont aussi concouru à la décider. D'abord les élèves auront appris toutes les manœuvres d'infanterie dont le maniement des armes est le complément; ensuite le plus grand nombre de ces jeunes gens doivent faire partie de la garde mobile, et ils seront dispensés des appels, s'ils justifient d'une instruction spéciale suffisante; beaucoup d'entre eux peuvent même devenir officiers, et il importe qu'ils connaissent de longue main tous les détails du maniement des armes; enfin la manœuvre du fusil comprend une série d'exercices qui touchent de très-près à la gymnastique et qui ont une utilité incontestable. Le maniement des armes est enseigné dans la plupart des gymnases de l'Europe. Un rapport remarquable de M. le colonel Roux n'a pas laissé de doute sur l'utilité d'introduire ces manœuvres dans les établissements secondaires. En ce qui concerne les exercices eux-mêmes, le nombre de fusils à distribuer à chaque lycée, collége ou école normale primaire, la commission ne saurait entrer dans aucune prescription, puisqu'une théorie spéciale doit être faite à l'usage de ces établissements. Mais pourquoi donner des fusils aux élèves des lycées et non à ceux des écoles primaires, qui eux aussi apprendront les manœuvres militaires ? Nous répondons que les élèves quittent trop jeunes (de douze à quinze ans) les écoles primaires, qu'ils ne sont pas encore assez forts pour porter et manœuvrer une arme pesante, ce qui pourrait leur être nuisible, tandis que les élèves des lycées poursuivent leurs études jusqu'à un âge beaucoup plus avancé et sont par conséquent plus en mesure de se livrer à ces exercices.

3.

Les instructeurs devront être choisis parmi des officiers retraités ou d'anciens sous-officiers.

Puisqu'une théorie spéciale doit être faite pour les lycées et collèges, et qu'il est décidé que des fusils leur sont destinés, est-il nécessaire d'examiner une proposition qui a été faite à la commission par M. le capitaine Saint-Alary ? Cet officier est inventeur d'un fusil de bois, d'un poids très-faible, qui pourrait être manœuvré par de très-jeunes enfants. Il est d'un prix assez élevé pour les écoles primaires, et il ne peut plus en être question pour ce qui est du maniement des armes dans les lycées et les écoles normales primaires. Il est construit de telle façon que la baïonnette, dont la base appuie sur un ressort à boudin, peut rentrer facilement dans le canon en bois au moindre choc, tandis que l'extrémité libre est munie d'une boule creuse en caoutchouc, qui la rend très-inoffensive. Son principal avantage serait de servir pour les leçons d'escrime à la baïonnette. Mais enseignera-t-on cette partie du maniement du fusil ? Là est la question. Tout le monde sait que l'escrime à la baïonnette est d'origine française et remonte à la création des chasseurs de Vincennes ; que c'est un exercice gymnastique excellent, qui a été importé dans les gymnases de la Suède et de la Prusse. Telle qu'elle était il y a quelques années, elle était compliquée de mouvements très-difficiles ; aujourd'hui, elle est singulièrement simplifiée et réduite, à peu de chose près, aux règles de l'escrime à l'épée. Au point de vue pratique et en temps de guerre, les nouvelles armes enlèvent à l'escrime à la baïonnette une grande partie de son importance et en limitent l'usage à des cas isolés. Cependant c'est un bon exercice gymnastique et la commission ne serait pas opposée à ce que les lycées fissent l'acquisition de quelques fusils de M. Saint-Alary ; c'est à Votre Excellence qu'il appartient d'apprécier.

La natation est obligatoire pour toutes les parties du programme des lycées. Dans le programme des écoles primaires, nous avons également prescrit l'obligation des exercices de la natation à sec, à titre de préparation ; cela devra être aussi pour les élèves des lycées, au début de l'instruction gymnastique : ce sont du reste, des mouvements élémentaires extrêmement utiles. Quant à la natation elle-même tout le monde en sait trop l'importance pour que nous nous y arrêtions davantage. Mais comment pourra-t-on rendre la natation obligatoire pour les divers établissements scolaires qui ne sont pas dans le voisinage des rivières ? Il est évident que l'enseignement devra être borné, dans ces établissements, aux mouvements de la natation à sec. Quant aux écoles qui se trouvent auprès d'un petit cours d'eau trop faible pour que l'on puisse y nager, il y aurait une recommandation utile à faire : ce serait d'engager les autorités locales à établir sur le bord de ces ruisseaux des bassins assez larges et de profondeur graduée à travers lesquels on ferait passer le cours d'eau. Ce moyen a été mis à exécution, il y a quelques années, à Dourdan (Seine-et-Oise), par un administrateur intelligent et zélé M. le docteur Diard, et toute la population du pays, ainsi que les élèves des pensions et de l'école primaire, en profitent pendant la belle saison.

Les courses de vitesse, le tir à l'arc, le jet de la barre ou du javelot, l'escrime et l'équitation sont à titre facultatif les derniers exercices de la gymnastique des lycées, auxquels nous devons ajouter pour les récréations tous les jeux gymnastiques, c'est-à-dire ceux qui demandent un déploiement de force, de la souplesse, de l'agilité et une certaine intelligence; tels sont : le jeu de balle et du ballon, la corde, les barres le volant, le cricket, etc. etc. La commission attache une grande importance à la multiplication des jeux dans les récréations. Depuis longtemps, on remarque que les élèves ne jouent plus, que les récréations se passent en promenades et conversations, surtout chez les élèves des classes supérieures, ce qui n'est pas fait pour les reposer des travaux intellectuels assidus. Ne pensez-vous pas, Monsieur le Ministre, qu'il pourrait y avoir une grande utilité à adopter une mesure analogue à celle depuis longtemps introduite dans quelques établissements, où l'un des maîtres est chargé de ce qui est relatif aux jeux durant les récréations. C'est une sorte d'intendant des jeux, dont la principale occupation est d'en rechercher, de les ordonner et de les faire accepter aux élèves, avec lesquels il y prend part.

§ 10. *C.* Le programme des écoles normales primaires présente un autre caractère que ceux des écoles primaires et des lycées, sans cependant s'éloigner de la direction que la commission a imprimée à l'ensemble de ce travail ni du but indiqué. Les jeunes gens qui fréquentent ces écoles sont déjà des hommes faits; ils auront dû passer, dans le cours de leur instruction, par tous les degrés des exercices des écoles primaires, auxquels ils seront redevables de plus de souplesse, de vigueur et de connaissances gymnastiques; ils devront aussi répéter tout le programme des lycées et colléges, y compris les manœuvres militaires et le maniement des armes; enfin, ils sont destinés, en devenant instituteurs, à enseigner la gymnastique à leurs élèves. Il est donc indispensable qu'ils aient reçu une instruction complète, afin de mieux approprier les exercices à l'âge et à la force des enfants et de les soustraire à ces tours de force pénibles si souvent appliqués, mal à propos, dont ils connaîtront mieux la fâcheuse influence. Pour enseigner un peu, il faut avoir beaucoup appris. De plus, l'instituteur est un des personnages importants de la commune; qu'il survienne un incendie, qu'il s'agisse d'un sauvetage ou de tout autre événement qui nécessite un acte de dévouement, c'est souvent à lui qu'on a recours[*]. Si le maître qui est chargé de la direction intellectuelle des enfants de ceux au milieu desquels il vit a également acquis assez de perfection dans les exercices du corps, pour être en état de rendre de tels services, il gagne en autorité, car rien ne frappe et ne séduit comme les actes de courage, où l'on fait montre de vigueur, de souplesse, d'agilité et de présence d'esprit. Il peut alors, à l'exemple de l'instituteur de Puicelcy, (arrondissement de Gaillac, Tarn), faire naître autour de lui le goût de la gymnastique et en profiter pour attirer les adultes à des cours plus sérieux.

La manœuvre des mils ou massues qui apparaissent pour la première fois; le trapèze de voltige qui demande une attention très-grande, beaucoup de force et d'adresse; les poutres inclinée et horizontale; la planche d'assaut; le saut à la perche; le passage de rivière; les cordes lisses, simple et double, horizontale ou en plan incliné, et la planche à rainures où l'on parvient à acquérir une très-grande force dans les fléchisseurs des doigts, complètent et terminent le programme des écoles normales primaires. On nous objectera peut-être que cette partie du programme est un peu trop athlétique, et qu'ainsi nous nous éloignons des principes que nous avons adoptés en commençant ce rapport. Mais qu'on réfléchisse bien que ces exercices ne seront enseignés qu'à des hommes faits, dont la musculation est achevée, dont les soudures osseuses sont ou accomplies ou sur le point de l'être; qu'enfin, ces exercices se font à un âge où l'on est bien près d'atteindre le maximum de la vigueur physique; c'est également celui où l'homme a le plus de souplesse et de liberté dans les mouvements. Ces raisons, jointes aux réflexions qui précèdent, suffisent pour motiver le programme des écoles normales primaires, tel qu'il a été élaboré par la commission.

§ 11. Monsieur le Ministre, la commission aurait cru remplir incomplétement sa tâche et même laisser une lacune regrettable dans ce travail, si elle ne s'était occupée du programme de la gymnastique des jeunes filles, bien que Votre Excellence veuille encore le laisser à l'étude. Plus encore que les garçons, les jeunes filles, moins abandonnées à elles-mêmes, dont la vie est plus sédentaire, ont besoin de ces exercices si utiles à développer en elles toutes les forces de l'organisme, et à les préparer à supporter plus tard les épreuves que la nature leur a dévolues.

Un assez bon nombre d'écoles primaires mixtes, d'écoles spéciales de filles et d'institutions privées sont entrées dans cette voie. La plupart des gymnases particuliers sont très-fréquentés par les jeunes filles,

[*] La manœuvre de la pompe à incendie est enseignée depuis longtemps aux élèves des écoles normales primaires.

en sorte qu'il devenait opportun, sinon indispensable, de composer un programme qui, s'il ne peut être rendu obligatoire au même titre que celui des écoles de garçons, puisque la plus grande partie des écoles de filles sont placées en dehors de l'autorité universitaire, devrait au moins être recommandé.

La division selon les âges serait la même que celle du programme des écoles primaires de garçons. Les exercices seraient adaptés aux trois catégories suivantes : 1° de 10 ans et au-dessous, c'est-à-dire jusqu'à 8 ans; 2° de 10 à 12 ans; 3° de 12 ans et au-dessus, c'est-à-dire jusqu'à 15 et même 16 ans.

Les raisons qui feraient fixer à 8 ans la limite inférieure de l'âge, pour l'enseignement gymnastique dans les écoles de jeunes filles de différents degrés, seraient celles qui ont été exposées à l'occasion du programme des écoles primaires des garçons; mais c'est pour les plus jeunes filles des écoles primaires que les jeux et les rondes de Mme Pape-Carpentier seraient surtout utiles; ils ont été innovés à leur invention.

Dans les trois divisions, les mouvements élémentaires, plus réduits que ceux des écoles de garçons, prédomineraient encore. Ils seraient classés dans un ordre physiologique, des mouvements les plus simples aux mouvements composés. Puis, à chaque division, les exercices de la barre à sphères, simples d'abord et compliqués dans la troisième série. Dans ce programme, il serait rationnel d'éviter tous les exercices de force, les efforts de traction, de suspension plus ou moins énergiques et d'insister, au contraire, sur les mouvements qui exigent de la souplesse, de la grâce, ou qui favorisent les attitudes régulières du corps. La gymnastique des jeunes filles doit, en effet, avoir pour but un développement régulier de l'organisme, l'affermissement de la santé, plutôt que l'accroissement des masses musculaires et de la force matérielle.

Les mouvements de la natation à sec, la natation elle-même lorsque cela sera possible, seraient d'une incontestable utilité. Mais nous recommanderons surtout la plupart des jeux gymnastiques dont nous avons fait précédemment l'énumération; tels sont : les jeux de la corde, de la raquette, des grâces, du cerceau, les rondes, etc. etc. La danse n'est pas de ces exercices gymnastiques qui nécessitent l'intervention d'une prescription officielle; on trouvera toujours les jeunes filles disposées à s'y livrer; la danse est pour elles un besoin naturel et nous la considérons, dans de certaines limites, comme un amusement salutaire.

CHAPITRE III.

§ 1er. L'enseignement de la gymnastique a ses règles, ses préceptes que les anciens observaient avec une scrupuleuse attention, et que beaucoup de gymnastes modernes sont loin de négliger. Nous ne saurions nous y arrêter sans dépasser les limites de ce rapport; il est cependant des prescriptions sur lesquelles nous devons insister.

Et d'abord, avant de conduire les élèves au gymnase, ne serait-il pas utile que les maîtres surveillassent attentivement leur tenue dans les classes et les études? Combien d'enfants acquièrent des attitudes vicieuses en écrivant ou en prenant l'habitude de se mal tenir sur leur banc pendant des heures entières. Le professeur Heiser s'est appesanti, dans son traité de gymnastique pédagogique, d'une manière toute spéciale sur ce point. Les bancs sans dossier, les tables trop élevées et trop étroites, qui obligent les enfants des écoles primaires et même des lycées à lever les bras, ou les contraignent à se placer de travers pour écrire, peuvent être accusés d'être les causes fréquentes de ces incurvations de la taille, de ces saillies des épaules que l'on remarque chez quelques-uns d'entre eux. La gymnastique appliquée sans précaution à ces enfants pourrait encore aggraver ces difformités.

Nous avons déjà dit combien il importe de proportionner les exercices à l'âge, à la constitution et à la force des enfants. Nous n'y reviendrons pas; seulement, il est bon que l'on sache qu'il est des enfants à qui les exercices gymnastiques seraient nuisibles. Ainsi, les faibles, les rachitiques, ceux qui toussent au moindre effort ou s'enrhument facilement, ou sont sujets aux palpitations de cœur et s'essoufflent à la plus faible course, ceux aussi qui ont des maux de tête habituels, etc. etc., doivent être dispensés des mouvements actifs, des exercices rhythmés et en commun; il en est même pour qui le repos est indispensable. D'autres ne peuvent point être exercés à la natation, ni être conduits aux bains froids, sous peine d'accidents sérieux. Il en est qui sont affectés de hernie (ombilicale ou inguinale) ou qui présentent des déviations plus ou moins prononcées de la colonne vertébrale, etc. qui ont besoin d'exercices spéciaux[1]. Il est donc indispensable que les enfants des lycées soient présentés au médecin avant d'être menés au gymnase. Le médecin seul est en état de connaître les dispositions organiques de chacun, d'indiquer dans quelle mesure doivent être prescrits les exercices, et quelle espèce de gymnastique leur convient dans les différentes conditions que nous venons d'énumérer.

Cette prescription, facile à observer dans les lycées, l'est moins dans les écoles primaires. Pourtant, il serait possible de demander au médecin de chaque localité de passer une revue des élèves au commencement de chaque année scolaire et de les visiter de temps en temps. Dans les départements où il existe des gymnases communaux, la commission est unanime pour reconnaître l'opportunité d'y attacher un médecin. Enfin, dans les écoles normales primaires qui,

[1] Voir plus loin la note rédigée par notre savant collègue M. Bouvier, où sont tracés d'une manière si précise et si pratique les préceptes essentiels de la gymnastique orthopédique.

comme les lycées, ont des médecins, cette précaution ne devra pas être non plus négligée.

En définitive, pour arriver au gymnase, les élèves doivent être dans de très-bonnes conditions de santé. Ils ne doivent pas être à jeun, ce qui pourrait être pour eux une source de grande fatigue; de même il est convenable qu'ils ne se livrent point à des mouvements un peu pénibles immédiatement après les repas. On a, sans doute, beaucoup exagéré l'inconvénient des exercices du corps dans le premier temps de la digestion. Il est certain que, pour quelques sujets, les exercices violents qui suivent de très-près l'ingestion des aliments peuvent être l'occasion de dérangements fréquents dans les fonctions digestives. Des promenades, de petites courses, des jeux en liberté conviennent bien mieux à ce moment, où l'on a moins de souplesse que dans l'intervalle des repas. Les anciens dormaient après leur principal repas qui avait lieu le soir (cœna). Ainsi donc le matin et l'après-midi, c'est-à-dire une heure avant ou deux heures après le repas du milieu de la journée, seront les instants les plus propices aux exercices gymnastiques.

§ 2. Le temps des leçons sera-t-il pris sur les récréations ou sur les études ? Quelle devra être la durée de la leçon, et combien en donnera-t-on par semaine ? La commission a pensé que les élèves des lycées et colléges, qui se lèvent à 5 heures et demie ou 6 heures du matin en hiver, à 5 heures et 5 heures et demie en été, et qui se couchent à 8 heures et demie ou 9 heures du soir, dont toute la journée est employée aux travaux des études ou des classes, sauf deux heures et demie de récréation (ce qui fait environ de neuf à dix heures de travail par jour), ne pouvaient pas être privés de ces heures de repos qui leur sont si utiles. Il n'est point de notre ressort d'examiner si la durée des études et des classes est trop longue, surtout pour quelques catégories d'élèves, et nous n'avons pas reçu la mission d'indiquer quels pourraient être les meilleurs moyens de régler le travail des enfants, de manière à le rendre aussi fructueux, tout en diminuant ou en alternant la durée des études ou des classes avec des intervalles de repos. Nous croyons convenable de faire prendre les leçons de gymnastique sur les heures d'études.

Jusqu'à ce jour, il y a eu, en ce qui concerne le nombre et la durée de leçons de gymnastique, presque autant de prescriptions réglementaires qu'il y a de lycées et de colléges. Cette manière de faire est déplorable; aussi les résultats que l'on devait attendre de l'arrêté de 1854 ont-ils été insignifiants. Il est des établissements dans lesquels on fait faire deux heures de gymnastique par semaine; d'autres une heure et même deux heures en une seule fois, etc. etc.; quelques-uns font prendre les leçons sur le temps des récréations. En somme, il n'y a rien de régulier ni de méthodique dans cet enseignement. Afin de le rendre profitable, d'assurer la régularité dans les progrès et de ne pas fatiguer les élèves[1], nous nous sommes arrêtés à fixer la durée de la leçon à une demi-heure, et le nombre à quatre par semaine pour chaque élève. Il serait même convenable de profiter des jours de congé, où le temps ne permet pas de conduire les élèves en promenade, pour leur donner quelques leçons supplémentaires.

Cette prescription sera également applicable aux écoles normales primaires. On pourrait, en outre, permettre aux élèves, dans leurs jours de congé, lorsqu'ils ne veulent pas sortir ou ne peuvent aller à la promenade, de s'exercer librement dans leur gymnase sous la simple surveillance du maître, comme cela se fait dans quelques établissements spéciaux, à la Flèche, par exemple. Dans les lycées et colléges, les leçons seront prises sur les études; dans les écoles primaires, il y aurait beaucoup moins d'inconvénient à les faire donner durant les récréations, attendu que les enfants qui peuplent ces écoles sont, après les classes, libres de sortir, de jouer, de courir en retournant chez leurs parents. Dans quelques localités, il en est même qui parcourent d'assez grandes distances pour se rendre matin et soir d'un lieu à l'autre.

§ 3. Le costume doit être léger, assez ample, pour ne gêner aucun mouvement. Dans beaucoup de gymnases particuliers, les élèves ne sont vêtus que d'un maillot de tricot, costume à la fois chaud et léger, d'une très-grande mollesse, qui n'apporte aucune entrave au jeu des articulations. Nous reconnaissons que ce costume, si simple qu'il soit, ne peut être adopté dans les établissements d'instruction publique, à cause de la dépense et de la perte de temps qu'il entraînerait. La veste ronde, le pantalon large, en grosse toile, dont la ceinture doit être basse et fixée immédiatement au-dessus des hanches, est le costume que nous recommandons pour les lycées, les colléges et les écoles normales primaires. Les bretelles, les jarretières même pourraient être supprimées pendant les leçons, afin que les mouvements fussent plus libres. Si cela était possible, il faudrait remplacer les souliers ferrés par des chaussures minces à semelles très-souples. Les liens qui serrent le corps et les membres sont autant de résistances à surmonter et de nouvelles sources de fatigue. La ceinture dite *gymnastique*, large et munie d'anneaux, qui s'attache par trois ou quatre boucles, est-elle indispensable, ainsi qu'on l'a dit, pour les exercices? L'usage de cette ceinture a été beaucoup critiqué. Un grand nombre de gymnastes et de médecins en contestent l'utilité; quelques-uns même la regardent comme nui-

[1] Des instructions dans ce sens viennent d'être adressées aux recteurs par le Ministre.

sible. Il y a de part et d'autre beaucoup d'exagération. Il est certain
que trop serrée elle gêne les contractions des muscles de l'abdomen,
de la région lombaire, et entrave la circulation; de plus, dans l'effort,
les intestins sont refoulés vers la paroi abdominale antérieure et vers
les parties déclives de cette cavité. Si donc cette paroi est solidement
maintenue par une ceinture large et inextensible, les intestins seront
refoulés plus énergiquement vers les parties déclives de la cavité abdominale, et par conséquent vers les anneaux inguinaux et cruraux, ce
qui peut être la cause de hernies. Mais, sans entrer dans de plus
longs détails, il est positif qu'une ceinture munie d'anneaux, faiblement serrée autour du corps, de manière à ne porter opposition a
aucune des contractions musculaires, a un certain degré d'utilité qu'il
ne faut pas méconnaître. Le maître peut s'en servir pour soutenir les
jeunes élèves qui exécutent leurs premiers exercices d'application aux
agrès du portique; il peut même fixer une corde aux anneaux, de
manière à éviter les chutes, lorsque les élèves montent aux cordes ou
aux perches mobiles, etc. etc.

Ces prescriptions ne s'appliquent pas aux enfants des écoles primaires, ni aux jeunes gens qui fréquentent les cours d'adultes, pas
plus qu'aux élèves des gymnases communaux. Leur costume est habituellement assez peu gênant; un très-grand nombre porte la blouse
au lieu de veste. Le meilleur vêtement à leur recommander est donc
une blouse courte fixée autour de la taille à l'aide d'une lanière de
cuir peu serrée.

§ 4. Les élèves seront conduits en bon ordre au gymnase, on formera
les pelotons. Les règles sont très-variables à cet égard. Tel maître pré-
fère des pelotons de 15 à 20, tel autre de 25 à 30 élèves. Il en est qui
recommandent de varier le nombre des files des pelotons selon l'âge
et le degré d'instruction gymnastique. M. Laisné, par exemple, prescrit de ne pas passer le chiffre de 12 pour les élèves de sept à huit
ans qui arrivent pour la première fois au gymnase, attendu qu'il est
assez difficile d'obtenir une attention soutenue d'un grand nombre
d'enfants de cet âge, qui ne comprennent pas toujours facilement ce
qu'on leur demande, et ont, par conséquent, besoin de plus de surveillance. A un âge plus avancé, de treize à dix-sept ans, ces pelotons
sont de 20 à 25 élèves. Tout en reconnaissant ce qu'il y a de rationnel dans cette manière de faire, nous n'avons pas pu nous y tenir, à
raison du nombre d'élèves qui forment la population de chaque lycée ou collège. En prenant un terme moyen et en demandant
25 élèves par peloton, pour tous les âges indistinctement, nous nous
sommes placés en face des exigences de temps et de personnel auxquelles les divers établissements scolaires n'auraient pas pu donner
complète satisfaction. Ainsi donc, les pelotons seront composés de

25 élèves que l'on aura soin de placer par rang de taille, afin de donner plus d'harmonie et de régularité aux exercices d'ensemble. Nous recommandons de réunir autant que possible dans un peloton des enfants de même force et ayant les mêmes aptitudes.

Une grande surveillance est indispensable dans tout gymnase, pour assurer la bonne tenue des cours et éviter les accidents. Ce ne sera donc point une précaution superflue que d'exiger un professeur par peloton. Le nombre des pelotons sera proportionné à la population de chaque établissement. Dans les écoles primaires, beaucoup moins nombreuses que les établissements secondaires, l'instituteur sera habituellement suffisant.

Enfin, les élèves étant formés en peloton, ils seront tout d'abord exercés, ainsi que l'indique le programme, aux manœuvres militaires. Nous avons déjà insisté tout particulièrement sur la nécessité d'attacher aux cours de gymnastique des lycées, des collèges et des écoles normales primaires un officier instructeur ou un sous-officier en retraite à qui incomberait la tâche de démontrer cette partie du programme et qui serait en même temps chargé de maintenir l'ordre et quelque discipline durant les leçons. Nous avons dit ce qu'il y aurait d'utile à faire pour les écoles primaires en attendant que les instituteurs formés dans les écoles normales, d'après le nouveau programme, puissent prendre seuls la direction de leurs élèves, nous n'y reviendrons pas.

§ 5. Permettez-nous d'ajouter, Monsieur le Ministre, qu'il ne suffit pas de faire un programme, de choisir des professeurs, de prendre des mesures, si rationnelles qu'elles puissent être, pour propager l'enseignement de la gymnastique dans les lycées, collèges et écoles normales primaires. Tant qu'on n'aura pas édifié des gymnases couverts dans tous les établissements scolaires, on aura encore très-peu fait, car les leçons ne peuvent être données d'une manière suivie dans les gymnases en plein air. Cette lacune dans l'organisation des gymnases a certainement contribué pour une bonne part à y retarder les progrès de l'enseignement des exercices du corps; les élèves ne peuvent y prendre qu'un faible intérêt et très-peu de plaisir. En effet, si l'on compte les journées où il pleut, neige, ou fait un froid trop vif en hiver; les journées d'été où il fait une chaleur trop intense, ou surviennent des orages suivis d'averses, on peut dire sans exagération que les élèves ne peuvent recevoir au plus qu'une leçon tous les huit ou dix jours en moyenne, ce qui est dérisoire; de plus, ces leçons peuvent être, et ont été certainement pour quelques-uns, l'occasion de séjours plus ou moins prolongés à l'infirmerie. Il est donc indispensable, pour assurer la régularité de l'enseignement de la gymnastique dans les établissements secondaires et dans les écoles normales primaires, d'y installer des gymnases couverts pour l'hiver et des gymnases en plein air pour la belle saison. Nous ne saurions indiquer des règles précises pour l'installation des gymnases couverts, ni fixer les dimensions qu'ils doivent avoir : cela est subordonné à l'espace que les divers établissements ont à leur disposition ainsi qu'au chiffre de leurs élèves. Cependant, il importe qu'un gymnase couvert soit édifié dans un lieu préservé d'humidité, qu'il soit suffisamment aéré, et, au besoin, facile à chauffer pendant les journées les plus froides de l'hiver. Tout gymnase doit être pourvu d'un vestiaire où les élèves pourront se déshabiller et suspendre leurs vêtements. Un de ses côtés doit être réservé aux leçons d'escrime, qui pourraient être données en même temps que les leçons de gymnastique. Afin de prévenir certains accidents, il est indispensable que le sol d'un gymnase soit affermi et aplani dans la plus grande partie de sa surface, ou recouvert d'un plancher, à l'exception des endroits ou seront établis le portique, le sautoir, les échelles horizontales et les barres parallèles, qui doivent être recouverts d'un bain de sable ou de sciure de bois assez profond. Le portique aura, autant que possible, 3 mètres et demi à 4 mètres d'élévation, et nous devons ajouter qu'il est expressément interdit aux professeurs d'exercer les élèves à passer debout sur la plate-forme qui sert d'attache aux agrès. En ce qui concerne le nombre des instruments et des machines qui forment le mobilier indispensable d'un gymnase, ces objets seront énumérés dans une liste que prépare la Commission.

Pour les écoles primaires, dont les ressources sont restreintes, nous ne pouvons rien préciser ; chacune d'elle agira dans les limites de ses moyens. Toutefois, ce ne serait pas trop exiger que de demander l'installation, dans les préaux ou les cours, de machines et d'agrès mobiles qui pourraient facilement être transportés dans les salles de classes et en être enlevés après les leçons. Nous avons déjà dit sur quels exercices devaient particulièrement insister les maîtres dans le cas où ils ne pourraient pas se procurer les instruments nécessaires à l'exécution des exercices du programme ; il est inutile d'y revenir. Ajoutons seulement que ce serait un réel service à rendre aux populations que de créer des gymnases communaux, comme cela se fait dans quelques villes, à Lille notamment.

§ 6. Par qui sera fait cet enseignement ? Où et comment sera-t-il possible de se procurer un nombre suffisant de professeurs capables ? telle est la question à examiner.

L'auteur du rapport de 1853 reconnaît la nécessité d'un enseignement partout uniforme ; il propose de recruter les professeurs des lycées parmi les élèves de l'école normale de la Faisanderie, ou parmi les sapeurs-pompiers. Cette mesure n'a pu être complétement mise à exécution; aussi les résultats ont été jusqu'à ce jour peu satisfaisants.

À l'exception de Paris et de quelques autres grandes villes, qui ont la facilité de s'adresser à des professeurs civils de premier mérite ou aux gymnastes des écoles militaires, la plupart des gymnases des établissements scolaires ont été le plus souvent fort incomplètement pourvus. Il est même des villes dont les écoles communales sont dotées de gymnases, et qui n'ont pas de professeurs. Cet enseignement est incomplet; il manque d'unité. La plupart des maîtres sont privés des notions scientifiques les plus élémentaires et d'une instruction générale convenable. Ici, l'on prend des militaires de la garnison, pour faire exercer les enfants: ces militaires sont fréquemment remplacés; là, on requiert des militaires en congé ou des sapeurs-pompiers, qui sont certainement de bons gymnastes, mais chez lesquels manque souvent l'aptitude nécessaire à l'enseignement pédagogique; ailleurs, on s'adresse à des maîtres formés dans les gymnases civils: ceux-ci laissent souvent à désirer sous le rapport de l'instruction et de l'éducation, et ne savent pas toujours imposer le respect à leurs élèves. La mesure proposée dans le rapport de 1853 a donc été inefficace. M. le colonel d'Argy faisait partie de la Commission; il a été un des inspirateurs de la mesure. Mais, à la suite d'une inspection des gymnases de l'armée et des lycées de l'Empire, il a reconnu dans un rapport adressé en 1864 à Votre Excellence, que malgré les progrès réalisés depuis la mise à exécution du programme de 1853, le recrutement des professeurs était défectueux et sollicitait vivement la création d'une école normale de gymnastique.

Après M. le colonel d'Argy, M. Laisné et quelques autres professeurs de gymnastique ont formulé la même proposition, et l'auteur de ce rapport, dans plusieurs notes qu'il a soumises à Votre Excellence, a demandé cette création.

La Commission estime, Monsieur le Ministre, qu'il est essentiel de s'occuper activement du recrutement des professeurs; mais pour former des maîtres de gymnastique, de même que pour former des professeurs chargés de l'enseignement secondaire ou primaire, il est essentiel de créer au moins une école normale où les futurs maîtres pourront apprendre les exercices, les diverses manœuvres militaires, et, ce qui est d'une nécessité absolue, apprendre à enseigner; apprendre à connaître la raison des différents mouvements, leurs causes, leurs effets; où ils devront conséquemment recevoir quelques notions élémentaires sur l'anatomie et la physiologie des organes de la locomotion, sur l'anatomie des formes, etc. etc. Ce ne sont plus des moniteurs sans instruction qu'il convient de donner désormais à la jeunesse dans toutes les écoles de l'Empire, mais des professeurs suffisamment lettrés, sachant, par des démonstrations claires et bien dites, faire comprendre quel est le but sérieux de cet enseignement.

La Suède, en organisant la première, au commencement de ce siècle (1809), une grande école normale de gymnastique, sous la direction de Ling, l'a ainsi compris. Cette école, qui porte le nom d'institut central, est contenue dans un vaste bâtiment distribué en salles spacieuses : les unes sont destinées aux exercices gymnastiques, à l'escrime ; les autres sont affectées à la bibliothèque, à des cours divers de sciences et de littérature scandinave, à l'amphithéâtre d'anatomie, au musée anatomique, etc ; il en sort chaque année une quinzaine de maîtres fort instruits, qui sont destinés aux collèges et aux écoles populaires, ainsi qu'au personnel de l'armée. Le public est également admis, à des heures déterminées, à assister aux leçons et aux divers cours.

La Prusse, la Bavière, le Wurtemberg, la Hollande, le Danemark, la Belgique même, ont depuis quelques années suivi l'exemple de la Suède, et vous avez pu voir, monsieur le Ministre, dans la première partie de ce rapport, quels sacrifices ces différents État se sont imposés, mais aussi quels grands résultats ils ont obtenus.

Le gouvernement saxon a également complété le système d'instruction des professeurs, qui sont rentrés sous la direction immédiate du ministre de l'instruction publique. L'importance que ce gouvernement attache à la vulgarisation de la gymnastique dans toutes les parties de la population est telle qu'il y a un peu plus de dix ans (14 mars 1857), il a fait paraître un règlement définitif pour la création d'une école normale supérieure, d'où les élèves ne doivent sortir avec le diplôme de professeur, qu'après avoir subi des examens sérieux. Nous ne pouvons résister au désir de donner ici une analyse succincte du programme des matières qui forment la base de l'instruction que doivent acquérir les futurs professeurs.

« Le ministre de l'instruction publique et des cultes a arrêté que, dans l'intérêt d'une instruction de gymnastique rationnelle, il fallait exiger *de tous les maîtres de gymnastique publics* une instruction préliminaire suffisante et une habileté éprouvée, afin d'assurer à la gymnastique *une influence réellement utile sur le développement physique de la jeunesse, ainsi que sur la conservation de la santé*. Après s'être fait rendre compte de l'état actuel de l'école *normale* de gymnastique et des écoles de tous les pays, Son Excellence décide que chaque année il y aura des examens qui décideront de l'obtention du diplôme. Ces examens sont présidés par une commission composée : 1° du commissaire royal du ministère de l'instruction publique et des cultes ; 2° d'un professeur d'anatomie ; 3° du directeur du gymnase royal, docteur en philosophie.

« Les examens se composent : 1° d'une dissertation écrite sur un sujet de gymnastique pédagogique ; 2° d'un examen pratique où l'aspirant prouve, dans une leçon, sa capacité dans les principaux exercices, ainsi que son aptitude pédagogique ; 3° d'une épreuve orale portant sur l'anatomie, la physiologie (ostéologie, système musculaire, organes thoraciques et abdominaux, système nerveux, etc. etc.), la diététique, la nosologie en tant qu'elle met le maître à même de juger les cas ordinaires où il devra restreindre, modifier ou suspendre l'application générale de tous les exercices gymnastiques ; 4° sur la gymnastique théorique et pratique (but et histoire de la gymnastique, les rapports à la pédagogie), littérature et méthodologie de la gymnastique et spécialement connaissance des développements introduits dans l'enseignement par les systèmes de *Spiess* et de *Ling* ; connaissance exacte du but et des effets physiologiques des principaux mouvements.

C'est en se fondant sur ces antécédents et sur les raisons déjà exposées que la Commission a conclu à la création d'écoles normales de gymnastique. Elle estime unanimement qu'il faudrait d'abord en fonder une à l'école de Cluny. Les élèves de cette maison propageraient ensuite la gymnastique dans les établissements où ils seraient appelés. Ils pourraient, comme les professeurs de quelques écoles du Wurtemberg, être à la fois précepteurs et gymnastes. Mais l'école de Cluny ne saurait satisfaire à tous les besoins ; la commission demande, à un degré supérieur, la création d'une école normale de gymnastique à Paris, c'est-à-dire dans le centre qui peut le mieux réunir tous les éléments d'une forte instruction.

Les élèves maîtres aspirant au professorat spécial de la gymnastique, instituteurs pourvus du brevet de capacité, mais disposés à donner avec plus d'autorité et de compétence cette partie de l'enseignement, ne sortiraient de ces écoles normales qu'après avoir subi des examens sérieux pour l'obtention d'un diplôme qui leur donnerait des titres pour être placés comme professeurs de gymnastique dans les établissements publics d'instruction.

Mais une école normale de gymnastique ne peut être créée à Paris sans de grandes dépenses ; l'État s'en chargera-t-il ? ou bien sera-ce l'industrie privée ?

Ce que nous pouvons dire, c'est qu'il y aurait un intérêt réel à ce que le Gouvernement en devînt à la fois l'instigateur et le protecteur. Quoi qu'il en soit, une telle création demande du temps et il faut en attendant pourvoir au recrutement des professeurs.

Voici les mesures provisoires qui nous sembleraient pouvoir être adoptées :

1° Choisir les professeurs parmi les candidats préparés dans les gymnases de leur choix ;

2° Recourir aussi à l'école normale militaire de la Faisanderie, pour se procurer des sujets.

3° Constituer, dès maintenant, chaque année, sans attendre la création des écoles normales, une commission chargée d'examiner les candidats de toute provenance et délivrer des diplômes d'aptitude spéciale. Un règlement ultérieur spécifierait les matières sur lesquelles porteraient ces examens.

4° Réserver aux anciens sous-officiers, qui auraient également fait preuve de capacité devant la commission et obtenu le diplôme, le nombre de places indiquées dans le décret du 24 octobre 1868.

En ce qui concerne les instituteurs primaires, ils acquerraient, en général, leur instruction dans les écoles normales primaires qui seraient, à l'avenir, pourvues de bons professeurs.

Quelle sera la forme à donner au diplôme ou au brevet de professeur de gymnastique? Il ne nous appartient pas de décider cette question de détail. Cependant on trouvera des modèles tout faits dans les brevets que la commission d'examen à l'école normale de gymnastique de la Faisanderie délivre aux moniteurs de l'armée de terre ou de mer qui ont satisfait, dans des examens sévères, aux exigences du programme.

Il n'y a pas très-longtemps le goût de la musique était peu populaire en France. Mais depuis que les sociétés orphéoniques se sont organisées, il s'en est formé jusque dans les plus petites villes et même dans quelques villages. On comprit vite ce qu'il y a de bon et de bien à répandre dans toutes les classes de la société le goût de cet art charmant. Ne serait-il pas possible d'encourager de la même façon des sociétés de gymnastes qui, à l'instar des sociétés allemandes, se réuniraient dans des concours fréquents, où seraient données des récompenses ainsi que cela se pratique en Prusse, en Allemagne et en Suède? Le département des Vosges avait ses francs-tireurs, il a aujourd'hui une société gymnastique assez bien organisée. Cette société a montré tout récemment, dans une fête qui avait attiré des gymnastes allemands et suisses, combien il serait facile de propager rapidement en France le goût des exercices corporels.

Enfin, quelques établissements scolaires ont depuis très-longtemps contracté l'habitude de donner des prix aux élèves qui se distinguent le plus dans les cours de gymnastique. Nous pensons qu'il y aurait lieu de généraliser cet usage et d'en faire l'objet d'une prescription applicable aux établissements primaires et secondaires.

Parvenus au terme de ce long rapport, nous avons l'honneur, Monsieur le Ministre, de soumettre à l'approbation de Votre Excellence les programmes destinés à servir de règle pour l'enseignement de la gymnastique dans toutes les écoles de l'Empire, ainsi que les propositions suivantes :

1° Rendre la gymnastique obligatoire dans les lycées, les colléges communaux, les écoles normales primaires et les écoles primaires publiques;

2° Établir un gymnase modèle dans l'école normale de Cluny; créer, en outre, une école normale de gymnastique à Paris.

3° Nommer, dès aujourd'hui, une commission chargée de délivrer des diplômes facultatifs constatant l'aptitude spéciale à l'enseignement de la gymnastique.

J'ai l'honneur d'être, avec respect,

Monsieur le Ministre,

De Votre Excellence,

Le très-humble et très-obéissant serviteur,

HILLAIRET.

PROGRAMMES

DE L'ENSEIGNEMENT DE LA GYMNASTIQUE DANS LES ÉCOLES PRIMAIRES DE GARÇONS, LES LYCÉES IMPÉRIAUX, LES COLLÉGES COMMUNAUX, ET LES ÉCOLES NORMALES PRIMAIRES, ANNEXÉS AU DÉCRET DU 3 FÉVRIER 1869.

(Ces programmes applicables aux écoles primaires, aux lycées et colléges et aux écoles normales peuvent être enseignés successivement, en tout ou en partie, aux élèves des cours d'adultes, lorsque les circonstances le permettront.)

N° 1.

PROGRAMME

DE L'ENSEIGNEMENT DE LA GYMNASTIQUE

DANS LES ÉCOLES PRIMAIRES DE GARÇONS.

1re PARTIE.

POUR LES ÉLÈVES DE 9 ANS ET AU-DESSOUS[1].

Mouvements préliminaires.

Formation des pelotons. — Station régulière du corps. — Principes d'alignements sur la droite et sur la gauche. — Faire face à droite et à gauche. — Demi-tour à droite. — Principes du pas, modéré et accéléré. — Prendre la petite et la grande distance sur la droite, sur la gauche et sur le centre. — Serrer les intervalles.

Exercices élémentaires.

(1re série.)

1er exercice. — Tourner la tête à droite et à gauche, en deux temps.

2e exercice. — Fléchir la tête en avant et en arrière, en deux temps.

3e exercice. — Fléchir la tête vers la droite et vers la gauche, en deux temps.

[1] Il est bien entendu que les élèves plus âgés qui n'auront jamais fait de gymnastique devront toujours commencer par les exercices de cette première partie et suivre graduellement le programme.

4° *exercice*. — Mouvement vertical des bras sans flexion, en deux temps.

5° *exercice*. — Mouvement alternatif des avant-bras en portant le poing à l'épaule, les coudes restant près du corps (flexion et extension), en deux temps.

6° *exercice*. — Mouvement simultané des avant-bras en portant les poings aux épaules, les coudes restant près du corps (flexion et extension), en deux temps.

7° *exercice*. — Mouvement alternatif et vertical des bras (flexion et élévation), en quatre temps.

8° *exercice*. — Mouvement simultané et vertical des bras (flexion et élévation), en quatre temps.

9° *exercice*. — Mouvement alternatif de flexion et d'extension des articulations des pieds, la pointe fixée au sol, les mains sur les hanches; en deux temps.

10° *exercice*. — Mouvement d'extension des membres inférieurs et élévation du corps sur la pointe des pieds, les mains sur les hanches; en deux temps.

11° *exercice*. — Flexion des extrémités inférieures, les poings dirigés vers le sol, et mouvement vertical des bras (flexion et extension); en quatre temps.

12° *exercice*. — Mouvement horizontal des bras en avant, en deux temps.

13° *exercice*. — Mouvement de flexion et d'extension des bras, portés alternativement en avant; en quatre temps.

14° *exercice*. — Mouvement de flexion et d'extension des bras, portés simultanément en avant; en quatre temps.

15° *exercice*. — Mouvement de flexion et d'extension des bras, portés alternativement en avant, en plaçant, au deuxième temps, les jambes alternativement en avant; en quatre temps.

16° *exercice*. — Mouvement de flexion et d'extension des bras, portés simultanément en avant, en plaçant, au deuxième temps, les jambes alternativement en avant; en quatre temps.

17° *exercice*. — Flexion des articulations des extrémités inférieures les bras placés horizontalement; en trois temps.

18° *exercice*. — Flexion des articulations des extrémités inférieures, les bras placés verticalement; en trois temps.

19° *exercice*. — Flexion de la jambe sur la cuisse (cadence modérée, accélérée ou de course).

20° *exercice*. — Flexion et élévation de la cuisse sur le tronc, la jambe en demi-flexion (cadence modérée, accélérée ou de course).

21° *exercice*. — Mouvement simultané (*exercice pyrrhique*) des extrémités droites ou gauches en avant. (*Afin de pouvoir exécuter ces mouvements avec grâce et sans trop de fatigue, les élèves devront être* préalablement exercés à faire des mouvements de pronation, de supination du poignet, en traçant dans l'espace un huit de chiffre.)

22ᵉ *exercice.* — Flexion du corps en avant, les mains portées vers le sol, en deux temps.

23ᵉ *exercice.* — Flexion du corps en arrière, les bras portés en arrière et éloignés du corps; en deux temps.

24ᵉ *exercice.* — Flexion latérale du corps, à droite et à gauche, les mains sur les hanches; en deux temps.

25ᵉ *exercice.* — Flexion du corps en avant, sur la cuisse droite ou gauche et mouvement vertical des bras; en quatre temps.

Le même mouvement s'exécute en pivotant sur les talons (volte-face).

Exercices de la barre à sphères ou de la canne. —
(1ʳᵉ série.)

Iᵉʳ *exercice.* — Élever la barre et la porter horizontalement en avant, en quatre temps.

2ᵉ *exercice.* — Élever la barre et la porter alternativement à droite et à gauche, en deux temps.

3ᵉ *exercice.* — Élever la barre et la porter horizontalement à droite et à gauche, en quatre temps.

4ᵉ *exercice.* — Mouvement continu de la barre autour du corps, en commençant par la droite ou par la gauche, en deux temps.

5ᵉ *exercice.* — Faire passer la barre par-dessus la tête, en avant et en arrière, en deux temps.

6ᵉ *exercice.* — Élever la barre et la porter horizontalement en avant, avec mouvement de jambes, en quatre temps.

7ᵉ *exercice.* — Flexion latérale du corps, à droite et à gauche, la barre suivant le mouvement du corps, en deux temps.

8ᵉ *exercice.* — Mouvement vertical de la barre derrière le corps, en fléchissant les jarrets, en trois temps.

9ᵉ *exercice.* — Flexion du corps en avant sur la cuisse droite ou gauche, et mouvement vertical du bras droit ou gauche, la main libre sur la hanche, en quatre temps.

10ᵉ *exercice.* — Grand cercle en avant, sur le pied droit ou gauche, en deux temps.

11ᵉ *exercice.* — Flexion du corps en avant, sur la jambe droite ou gauche, et mouvement vertical des bras, en quatre temps.

Exercices d'application [1].

Courses.

Course cadencée.

[1] A chaque leçon, les exercices d'application doivent être précédés de mouvements élémentaires.

Course sinueuse.
Course en spirale.
Course dans les chaînes gymnastiques.

Sauts de pied ferme.
Saut en avant, à pieds joints.
Saut en hauteur et profondeur.

Sauts précédés d'une course.
Saut en largeur, en avant.
Saut en largeur, hauteur et profondeur.

Exercices à l'aide de machines ou instruments.

Petit mât.
Monter au petit mât à l'aide des mains et des pieds, et descendre.

Corde à consoles.
Monter à la corde à consoles à l'aide des mains et des pieds, et descendre.

Échelle de corde.
Monter à l'échelle de corde, à l'aide des mains et des pieds, et descendre.

Corde à nœuds.
Monter à la corde à nœuds à l'aide des mains et des pieds, et descendre.

IIᵉ PARTIE.

POUR LES ÉLÈVES DE NEUF A ONZE ANS.

Répétition des principaux exercices de la première partie auxquels on ajoute les suivants :

Alignements à droite et à gauche, en avant et en arrière. — Marche de front directe et oblique, et les différents pas. — Marche de front au pas gymnastique, demi-tour et marche en arrière. — Marche de flanc. — Arrêter le peloton marchant par le flanc et le remettre face en tête. — Changer de direction par file. — Marche de flanc au pas gymnastique. — Principes des conversions et des changements de direction, de pied ferme, au pas accéléré et au pas gymnastique.

Exercices élémentaires par le flanc droit et gauche successivement.

(2ᵉ série.)

1ᵉʳ exercice. — Flexion et extension latérale des bras, les mains partant des épaules; en deux temps.

2° exercice. — Mouvement d'extension des membres inférieurs sr la pointe des pieds, élévation simultanée et latérale des bras au-dess. de la tête, les doigts allongés; en deux temps.

3° exercice. — Flexion et extension alternative et latérale des bras; en quatre temps.

4° exercice. — Flexion et extension simultanée et latérale des bras; en quatre temps.

5° exercice. — Flexion et extension alternative et latérale des membres supérieurs et inférieurs; en quatre temps.

6° exercice. — Flexion et extension simultanée et latérale des membres supérieurs, et alternative des membres inférieurs; en quatre temps.

7° exercice. — Flexion des jambes et mouvement horizontal des bras sur les côtés; en quatre temps.

8° exercice. — Circumduction du bras droit et du bras gauche alternativement, puis des deux bras simultanément.

9° exercice. — Circumduction alternative des jambes, de dehors en dedans et de dedans en dehors, la pointe du pied baissée et en dehors, les mains sur les hanches.

10° exercice. — Lancer alternativement, par un double mouvement de flexion et d'extension, les bras au-dessus de la tête et les ramener ensuite dans l'extension sur les parties latérales du corps; en quatre temps (Le même mouvement avec les deux bras simultanément.)

11° exercice. — Lancer alternativement les bras en avant par un double mouvement de flexion et d'extension, les porter dans l'abduction horizontale et les laisser tomber sur les côtés du corps; en quatre temps. (Le même mouvement avec les deux bras simultanément).

12° exercice. — Même mouvement en portant alternativement les membres inférieurs correspondants en avant; en quatre temps.

13° exercice. — Même mouvement simultané des membres supérieurs et alternatif des membres inférieurs; en quatre temps.

Exercices de la barre à sphères ou de la canne.

(2° série.)

1er exercice. — Porter la barre au-dessus de la tête en suivant la face antérieure du corps, et la lancer horizontalement vers la droite et vers la gauche, en deux temps.

2° exercice. — Mouvement vertical de la barre, en arrière, les pieds étant réunis; en deux temps.

3° exercice. — Flexion du corps à droite et à gauche, la barre suivant son mouvement, les pieds écartés, en deux temps.

4° exercice. — Flexion des membres inférieurs, les pieds réunis, et élévation verticale des bras, en quatre temps.

4

5e *exercice*. — Mouvement de torsion du corps, à droite et à gauche; la barre en dessus de la tête; en deux temps.

6e *exercice*. — Flexion du corps en avant, et mouvement vertical des bras en avançant; en quatre temps. (Le même exercice en marchant en arrière.)

7e *exercice*. — Demi-cercle par-dessus la tête, en marchant au pas modéré; en deux temps. (Le même exercice en marchant en arrière.)

8e *exercice*. — Mouvement vertical de la barre, en marchant au pas accéléré; en quatre temps.

9e *exercice*. — Mouvement horizontal de la barre, en marchant au pas accéléré; en quatre temps.

Exercices d'application.

Poignées ou anneaux.

(1re série.)

1er *exercice*. — Saisir les anneaux, s'enlever à la force des bras, se renverser en arrière et retomber sur les pieds.

2e *exercice*. — Après s'être enlevé à la force des bras et s'être renversé en arrière, revenir à la première position en se renversant en avant.

3e *exercice*. — S'enlever à la force des bras, porter le menton à la hauteur des mains; dans cette position, développer les bras alternativement dans l'abduction et retomber.

4e *exercice*. — S'enlever à la force des bras, placer les pieds dans les anneaux, la face antérieure du corps vers le sol et fléchir le corps en arrière en portant le col dans l'intérieur.

5e *exercice*. — S'enlever à la force des bras, le menton à la hauteur des mains; lâcher l'anneau de la main gauche, se tenir suspendu par le bras droit en flexion active; répéter cet exercice plusieurs fois, des deux bras alternativement.

Échelle orthopédique[1].

1er *exercice*. — Monter en plaçant les pieds alternativement, puis simultanément, sur les échelons et en faisant effort des jarrets, les mains étant placées au-dessus de la tête, et descendre de même.

2e *exercice*. — Monter et descendre comme à l'exercice précédent, en se suspendant chaque fois par les mains, le corps au milieu de l'échelle.

3e *exercice*. — Monter en supportant le corps sur les poignets, et descendre de même.

4e *exercice*. — Monter et descendre en se suspendant par la main droite, la gauche retenant le corps, le bras allongé vers le sol.

[1] Pour les écoles primaires les exercices de l'échelle orthopédique sont facultatifs.

5ᵉ exercice. — Même exercice que le précédent, mais en alternant chaque fois la position des bras et des mains.

6ᵉ exercice. — Même exercice que le deuxième, en élevant chaque fois les jambes tendues le plus possible en avant.

Corde lisse.
(1ʳᵉ série.)

1ᵉʳ exercice. Monter à la corde lisse, à l'aide des mains et des pieds, et descendre.

2ᵉ exercice. — Monter à la corde lisse, en plaçant un pied devant et l'autre derrière la corde.

Barres à suspension.
(1ʳᵉ série.)

1ᵉʳ exercice. — Suspension par les deux mains (ou par une main).

2ᵉ exercice. — Élever la tête au-dessus de la barre.

3ᵉ exercice. — Suspension par le pli des bras.

4ᵉ exercice. — Suspension par les mains et les pieds.

5ᵉ exercice. — Suspension par le pli du bras et de la jambe.

Poutre horizontale (placée à environ 0ᵐ,50 du sol).

1ᵉʳ exercice. — Marcher debout, en avant.

2ᵉ exercice. — Marcher debout, en arrière.

3ᵉ exercice. — Marcher debout, de côté.

Saut en profondeur simple, en avant.

Échelles de bois.
(1ʳᵉ série.)

1ᵉʳ exercice. — Monter par devant, à l'aide des mains et des pieds, et descendre de la même manière.

2ᵉ exercice. — Monter par devant, à l'aide des mains et des pieds, et descendre par derrière, de la même manière.

3ᵉ exercice. — Passer du devant de l'échelle par derrière, et réciproquement.

Barres parallèles fixes.
(1ʳᵉ série.)

1ᵉʳ exercice. — Suspension sur les mains.

2ᵉ exercice. — Se porter en avant, ou en arrière, par un mouvement alternatif des mains.

3ᵉ exercice. — Se porter en avant, ou en arrière, par saccades.

4ᵉ exercice. — Descendre le corps et le remonter par la flexion des coudes et l'extension des bras.

5° exercice. — Balancer les jambes en avant et en arrière.

Sauts continus à pieds joints.

Perches oscillantes.

(1re série.)

1er exercice. — Monter à une perche à l'aide des mains et des pieds, et descendre.

2e exercice. — Monter à une perche, à l'aide des mains et des pieds, et descendre de la même manière, en passant à l'autre perche, parallèlement placée.

Trapèze.

(1re série.)

1er exercice. — Saisir la base du trapèze et lever le corps en faisant effort des poignets.

2e exercice. — S'établir sur la base du trapèze en s'y appuyant sur le ventre, et descendre en avant.

3e exercice. — S'établir sur la base du trapèze en s'y appuyant sur le ventre, et descendre en arrière.

4e exercice. — S'établir sur la base du trapèze, s'y asseoir et descendre.

IIIe PARTIE.

POUR LES ÉLÈVES DE ONZE ANS ET AU-DESSUS[1].

Répétition des principaux exercices de la 1re et de la 2e partie auxquels on ajoute les suivants:

Composition d'un peloton. — Ouvrir les rangs. — Alignement à rangs ouverts. — Serrer les rangs. — Alignements à rangs serrés. — Marche en bataille en avant. — Arrêter le peloton et l'aligner. — Marche oblique. — Marquer le pas, marcher le pas accéléré, le pas gymnastique, le pas en arrière et marcher par le second rang. — Marcher par le flanc. — Changer de direction par file. — Arrêter le peloton marchant par le flanc et le remettre face en tête. — Le peloton étant en marche par le flanc, le former sur la droite ou sur la gauche par file en ligne. — Le peloton étant en marche par le flanc, le former par peloton ou par section en ligne et lui faire exécuter les à droite et les à gauche en marchant — Rompre en colonne par section ou par peloton, de pied ferme et pour continuer à marcher. — Marcher en colonne. — Changer de direction, — Arrêter la colonne. — Étant en colonne par section, ou par peloton, se former à droite ou à gauche, en ligne de pied ferme et en marchant. — Rompre et former le peloton. — Contre-marche. — Étant en colonne par sec-

---

[1] A partir de cet âge les élèves pourront répéter avec des haltères du poids d'un kilogramme la paire les exercices désignés au présent programme sous le nom d'*Exercices élémentaires.*

tion ou par peloton, se former sur la droite ou sur la gauche en ligne.
— Formation d'un peloton de deux rangs sur un, et réciproquement.
— Formation d'un peloton de deux rangs sur quatre, et réciproquement, de pied ferme et en marchant.

Exercices d'équilibre.

1er exercice. — Se tenir sur le pied droit, la cuisse gauche fléchie sur le tronc et la jambe sur la cuisse, les mains croisées au-dessous du genou fléchi. (Même exercice sur le pied gauche.)

2e exercice. — Se tenir sur le pied gauche, la jambe du côté opposé étant fléchie sur la cuisse en arrière, le pied soutenu par la main droite, le bras gauche placé verticalement au-dessus de la tête. (Même exercice sur le pied droit.)

3e exercice. — Se tenir sur le pied droit, saisir le pied gauche avec la main droite, la jambe étant fléchie sur la cuisse, le bras gauche placé verticalement. (Même exercice sur le pied gauche.)

4e exercice. — Se tenir sur le pied gauche, le bras gauche placé verticalement, fléchir la jambe droite et la saisir en dedans avec la main droite au-dessus du cou-de-pied. — (Même exercice sur le pied droit.)

5e exercice. — Équilibre alternatif sur un pied, le corps porté en avant, les bras tendus.

6e exercice. — Équilibre alternatif sur un pied, le corps en arrière, les bras horizontalement en avant.

Exercices élémentaires en marchant.

(3e série.)

1er exercice. — Lancer les bras en avant, alternativement, en avançant au pas modéré; en deux temps.

2e exercice. — Le même exercice, en marchant en arrière.

3e exercice. — Lancer les bras en avant, simultanément, en marchant au pas modéré; en deux temps.

4e exercice. — Le même exercice, en marchant en arrière.

5e exercice. — Lancer alternativement les bras en avant, les rapprocher du corps dans la flexion en avançant; en quatre temps.

6e exercice. — Le même exercice en lançant les bras simultanément.

7e exercice. — Porter les bras alternativement en avant et les ramener dans l'extension sur les côtés du corps, en avançant la jambe du même côté; en quatre temps.

8e exercice. — Le même exercice, en marchant en arrière.

9e exercice. — Le même exercice simultané pour les bras et alternatif pour les jambes; en quatre temps.

10e exercice. — Le même exercice, en reculant.

11e exercice. — Le même exercice des extrémités supérieures, en avançant la jambe du côté opposé; en quatre temps.

12 *exercice.* — Le même exercice, en reculant.

13 *exercice.* — Flexion du corps en avant, en marchant, et mouvement vertical des bras (flexion et extension), en quatre temps.

14 *exercice.* — Le même exercice, en reculant.

15 *exercice.* — Mouvement vertical des bras, en marchant au pas accéléré (flexion et extension), en quatre temps.

16 *exercice.* — Mouvement latéral des bras, en marchant au pas accéléré (flexion et extension), en quatre temps.

17 *exercice.* — Porter les bras en avant, et ensuite tendus sur les côtés, au pas accéléré, en quatre temps.

Exercices à deux de la barre à sphères ou de la canne.
(3ᵉ série.)

1ᵉʳ exercice. — Demi-cercle vers la droite et vers la gauche, les bras tendus, alternativement, en deux temps.

2ᵉ exercice. — Demi-cercle vers la droite et vers la gauche, les bras tendus, simultanément, en deux temps.

3ᵉ exercice. — Demi-cercle vers la droite et vers la gauche, en avançant la jambe correspondante, en deux temps.

4ᵉ exercice. — Flexion sur les membres inférieurs et demi-cercles simultanés de chaque côté, en deux temps.

5ᵉ exercice. — Porter la barre à l'épaule et la lancer sur le côté, en avançant le pied droit ou gauche alternativement, en quatre temps.

6ᵉ exercice. — Cercles alternatifs sur les côtés. (Le même exercice simultanément.)

7ᵉ exercice. — Lancer alternativement les barres en avant et en arrière, le pied droit en avant, en deux temps. (Le même exercice le pied gauche en avant.)

8ᵉ exercice. — Mouvement simultané des barres en avant et en arrière, en deux temps.

9ᵉ exercice. — Doubles cercles mixtes sur un côté. Les numéros impairs, pied droit en avant, les numéros pairs, pied gauche en avant, en deux temps. (Même exercice, en sens inverse.)

10ᵉ exercice. — Doubles cercles mixtes, du côté opposé, les numéros impairs pied gauche en avant, les numéros pairs, pied droit en avant, en deux temps. (Même mouvement en sens inverse.)

11ᵉ exercice. — Doubles cercles alternatifs et continus, avec les deux barres, le pied gauche en avant, en deux temps. (Même exercice, en sens inverse.)

12ᵉ exercice. — Doubles cercles simultanés des deux côtés, le pied gauche en avant, en deux temps. (Même exercice, en sens inverse.)

13ᵉ exercice. — Mouvement continu au-dessus de la tête des barres croisées, en deux temps. (Même mouvement en sens inverse.)

14ᵉ *exercice*. — Mouvement vertical des bras, les barres étant horizontales et le corps faisant demi-tour, en deux temps.

Exercices d'application.

Barres parallèles fixes.
(2ᵉ série.)

1ᵉʳ *exercice*. — Suspension par les mains et les pieds.

2ᵉ *exercice*. — Porter les jambes en avant sur la barre droite, ensuite sur la barre gauche.

3ᵉ *exercice*. — Se lancer à terre, en avant, vers la droite ou vers la gauche, en franchissant l'une des barres.

4ᵉ *exercice*. — Se lancer à terre, en arrière, vers la droite ou vers la gauche, en franchissant l'une des barres.

5ᵉ *exercice*. — Franchir les barres en trois temps, en s'élançant en avant, à droite ou à gauche.

6ᵉ *exercice*. — Franchir les barres en quatre temps, en s'élançant en arrière, à droite ou à gauche.

7ᵉ *exercice*. — Franchir les barres en deux temps, en appuyant les mains sur les deux barres.

8ᵉ *exercice*. — Franchir les barres en deux temps en appuyant les mains sur la deuxième barre.

Barres à suspension
(2ᵉ série.)

1ᵉʳ *exercice*. — Progression latérale vers la droite (ou vers la gauche).

2ᵉ *exercice*. — Progression par le flanc droit (ou gauche).

3ᵉ *exercice*. — Progression par brasses.

4ᵉ *exercice*. — S'établir sur la barre et s'y placer à cheval.

5ᵉ *exercice*. — S'établir au-dessus de la barre, par un renversement du corps, et s'y placer en équilibre sur les poignets.

6ᵉ *exercice*. — S'établir sur la barre par un effort des avant-bras.

7ᵉ *exercice*. — S'établir sur la barre par un effort des poignets.

Échelles de bois.
(2ᵉ série.)

Monter et descendre par-dessous.

1ᵉʳ *exercice* — Monter à l'aide des mains et des pieds, et descendre de la même manière.

2ᵉ *exercice*. — Monter aux échelons, à l'aide des mains seulement, placées l'une après l'autre sur le même échelon, et descendre de la même manière.

3° *exercice*. — Monter aux échelons, en plaçant les mains l'une après l'autre sur un échelon différent, et descendre de la même manière.

4° *exercice*. — Monter en saisissant un échelon d'une main et un montant de l'autre, et descendre de même.

5° *exercice*. — Monter par un seul montant, et descendre de même.

6° *exercice*. — Monter par les deux montants, et descendre de même.

7° *exercice*. — Monter par les deux montants, par saccades, et descendre de même.

Marche sur un plan incliné.

Cordes lisses verticales.
(2° série.)

1ᵉʳ *exercice*. — Monter à une corde lisse, à l'aide des mains seulement, et descendre.

2° *exercice*. — Monter, à l'aide des mains seulement, à deux cordes lisses parallèlement placées, et descendre.

Perches oscillantes.
(2° série.)

1ᵉʳ *exercice*. — Monter à une perche, à l'aide des mains seulement, et descendre.

2° *exercice* — Monter, à l'aide des mains seulement, à deux perches parallèlement placées, et descendre.

3° *exercice*. — Monter, par saccades, à deux perches parallèlement placées et descendre.

Poignées ou anneaux.
(2° série.)

1ᵉʳ *exercice*. — S'enlever à la force des bras, faire passer la jambe droite par-dessus la main droite, quitter l'anneau de cette main, le ressaisir après avoir laisser tomber la jambe, et exécuter le même exercice avec les extrémités gauches.

2° *exercice*. — Se rétablir sur les poignets alternativement et descendre par un renversement en avant.

3° *exercice*. — Le même exercice sur les poignets simultanément.

4° *exercice*. — Saisir les anneaux, se renverser en arrière, se tenir horizontalement la face vers le sol, laisser tomber les jambes et revenir à la première position par un renversement en avant.

5° *exercice*. — Saisir les anneaux, se renverser en avant, en imprimant aux épaules un mouvement de rotation; se placer horizontalement le dos vers le sol et reprendre la première position.

Trapèze.
(2ᵉ série.)

1ᵉʳ exercice. — S'établir sur la base du trapèze, s'y asseoir, et descendre par saccades.

2ᵉ exercice. — Monter par les cordes du trapèze, et descendre.

3ᵉ exercice. — S'établir sur la base du trapèze et se tenir dessus, puis au-dessous, dans une position horizontale.

Exercice de la natation à sec au moyen d'un chevalet.

EXERCICES FACULTATIFS.

Course de vitesse.

Tir à l'arc.

Lancer la barre.

N° 2.

PROGRAMME

DE L'ENSEIGNEMENT DE LA GYMNASTIQUE
DANS LES LYCÉES ET COLLÉGES.

Iʳᵉ PARTIE.
POUR LES ÉLÈVES DE DOUZE ANS ET AU-DESSOUS [1].

Cette première partie comprend tous les exercices composant le programme des écoles primaires de garçons.

IIᵉ PARTIE.
POUR LES ÉLÈVES DE DOUZE À QUINZE ANS [2].

Exécution de tous les exercices indiqués pour les écoles primaires, auxquels on ajoute les suivants :

Vindas.

1ᵉʳ exercice. — Courir vers la droite, en tenant l'extrémité de la corde dans la main gauche, la main droite au-dessus de la gauche, les bras raccourcis.

2ᵉ exercice. — Courir vers la gauche, en tenant l'extrémité de la corde dans la main droite, la main gauche au-dessus de la droit les bras raccourcis.

[1] Chaque leçon devra être précédée d'exercices élémentaires. Les élèves pourront se servir de haltères du poids de 1 kilogramme la paire, à partir de l'âge de onze ans.

[2] Ces élèves pourront se servir de haltères du poids de 1 à 3 kilog. la paire.

3ᵉ exercice. — Courir vers la droite, en tenant l'extrémité de la corde avec la main droite, le bras allongé.

4ᵉ exercice. — Courir vers la gauche, en tenant l'extrémité de la corde avec la main gauche, le bras allongé.

Sauts du tremplin.

Poutre horizontale (placée à un mètre vingt centimètres au-dessus du sol).

(1ʳᵉ série.)

1ᵉʳ exercice. — Passer à cheval, en avant.

2ᵉ exercice. — Passer à cheval, en arrière.

3ᵉ exercice. — S'asseoir sur la poutre et se mouvoir de côté.

4ᵉ exercice. — S'enlever sur les poignets, face à la poutre, et se mouvoir de côté.

Différentes manières de descendre de la poutre.

1ᵉʳ exercice. — Étant à cheval, passer la jambe droite par-dessus la poutre et descendre.

2ᵉ exercice. — Étant assis, sauter en avant.

3ᵉ exercice. — Étant debout, sauter en avant.

IIIᵉ PARTIE.

POUR LES ÉLÈVES DE QUINZE ANS ET AU-DESSUS.

Exécution de tous les exercices indiqués à la 2ᵉ partie[1], auxquels on ajoute les suivants :

Lutte générale de traction.

Saut en arrière, en prenant un point d'appui avec les mains.

Sauts à la perche.

Saut en largeur.

Saut en hauteur et profondeur.

Saut en largeur, hauteur et profondeur.

Échelle de bois horizontale.

1ᵉʳ exercice. — Se diriger à droite en posant alternativement les mains sur chaque échelon, et revenir à gauche de la même manière.

2ᵉ exercice. — Se porter en avant en posant alternativement les mains sur chaque échelon, et revenir de la même manière.

3ᵉ exercice. — Se diriger à droite et à gauche, en portant les mains alternativement sur le même montant.

4ᵉ exercice. — Se porter en avant sur l'échelle en plaçant les mains alternativement sur les montants.

[1] Les élèves pourront se servir de haltères de 4 kilogrammes la paire.

5ᵉ exercice. — Se porter en arrière, en plaçant les mains alternativement sur les montants.

6ᵉ exercice. — Se porter vers la droite et vers la gauche par brasses.

Cordes lisses verticales.

1ᵉʳ exercice. — Monter à deux cordes lisses, à l'aide des mains seulement, et descendre.

2ᵉ exercice. — Relever la corde pour s'y donner un point d'appui, soit sous la cuisse, soit sous le pied.

Poutre horizontale.

(2ᵉ série.)

1ᵉʳ exercice. — Étant à cheval, se mouvoir sur les mains, en avant et en arrière.

2ᵉ exercice. — Faire face en arrière, étant debout sur la poutre.

3ᵉ exercice. — Marcher debout, s'arrêter, se placer à cheval et se remettre debout.

Planche à rétablissements.

1ᵉʳ exercice. — Monter au moyen d'un rétablissement sur les avant-bras.

2ᵉ exercice. — Monter par un renversement.

3ᵉ exercice. — Monter en se rétablissant alternativement sur les poignets.

4ᵉ exercices. — Monter sur la plate-forme au moyen d'une jambe et des avant-bras.

5ᵉ exercice. — Monter par un renversement, au moyen de la barre de fer.

Différentes manières de descendre.

1ᵉʳ exercice. — Descendre sur les avant-bras.

2ᵉ exercice. — Descendre par un renversement en avant au moyen de la barre de fer.

3ᵉ exercice. — Descendre par un renversement en avant, au moyen de la plate-forme.

4ᵉ exercice. — Descendre en se renversant en arrière et en se retenant par les mains sur le bord de la plate-forme.

Maniement des armes.

Les exercices relatifs au maniement des armes seront déterminés d'après la théorie en usage dans l'armée.

N° 3.

PROGRAMME

DE L'ENSEIGNEMENT DE LA GYMNASTIQUE
DANS LES ECOLES NORMALES PRIMAIRES.

Exécution de tous les exercices indiqués aux programmes des écoles primaires et des lycées, auxquels on ajoute les suivants [1] :

Exercices des mils persans (ou massues).

1er exercice. — Porter le mil à l'épaule droite ou gauche.

2e exercice. — Porter le mil en arrière.

3e exercice. — Renverser le mil en arrière.

4e exercice. — Porter le mil en avant.

5e exercice. — Porter le mil en dehors, à droite ou à gauche.

6e exercice. Porter le mil en dedans à droite ou à gauche.

7e exercice. — Porter le mil horizontalement en avant et le passer au-dessus de la tête.

8e exercice. — Elever le mil verticalement, et le passer derrière la tête.

9e exercice. — Abaisser le mil, et le passer autour du corps.

10e exercice. — Passer le mil en cercle par la gauche (ou par la droite).

11e exercice. — Poser le mil à terre.

12e exercice. — Porter le mil à bras tendu.

Sauts sans instruments.

1er exercice. — Sauts continus, en avant sur le pied droit ou gauche.

[1] Les élèves pourront se servir de haltères de 4 kilogrammes la paire.

2ᵉ exercice. — Saut en largeur avec élan, en prenant le point d'appui sur les deux pieds.

3ᵉ exercice. — Saut en hauteur avec élan, en prenant le point d'appui sur les deux pieds.

Trapèze de voltige.

1ᵉʳ exercice. — Étant sur l'estrade, saisir la base du trapèze, les ongles en avant, quitter l'estrade dans la position verticale en comptant un, deux en avant, trois en arrière, quatre en avant en tombant et fléchissant sur la pointe des pieds.

2ᵉ exercice. — Étant sur l'estrade, saisir la base du trapèze les ongles en avant, franchir l'espace en quatre temps, revenir en arrière de même et se rétablir de pied ferme sur l'estrade les bras tendus.

3ᵉ exercice. — Étant sur l'estrade, saisir la base du trapèze, les ongles en avant, franchir l'espace, se rétablir par un renversement à l'extrémité de la course, revenir en arrière étant rétabli, repartir en avant et tomber sur la pointe des pieds, les bras tendus au-dessus de la tête.

4ᵉ exercice. — Étant sur l'estrade, saisir la base du trapèze, les bras croisés, la paume de la main droite en dedans et celle de la main gauche en avant, s'élancer dans l'espace, faire un demi-tour, revenir face en arrière et se rétablir sur l'estrade.

5ᵉ exercice. — Étant sur l'estrade, saisir la base du trapèze, les ongles en avant, franchir l'espace les bras et les jambes tendus, revenir en arrière dans cette position; se rétablir sur le trapèze par une traction simultanée des poignets.

6ᵉ exercice. — Étant sur l'estrade, saisir la base du trapèze, les ongles en avant, franchir l'espace, se rétablir à l'extrémité de la course par une traction des poignets, les jambes en avant et réunies, revenir en arrière dans cette position, repartir en avant les bras et les jambes tendus, tomber à terre en fléchissant sur les extrémités inférieures en conservant les bras tendus au-dessus de la tête.

Poutre inclinée.

1ᵉʳ exercice. — Étant à cheval, se mouvoir en avant, et en arrière, pour monter ou pour descendre.

2ᵉ exercice. — Étant assis, se mouvoir de côté, pour monter et pour descendre.

3ᵉ exercice. — Étant debout, marcher en avant, en arrière et de côté, pour monter ou pour descendre.

Voltige sur le madrier incliné ou planche d'assaut.

1ᵉʳ exercice. — Se lancer sur la planche d'assaut, et sauter à droite et à gauche, en avant, en quatre temps.

2ᵉ *exercice.* — Se lancer sur la planche d'assaut, se soutenir à la force des bras, les jambes en l'air, et sauter en arrière à droite ou à gauche en quatre temps.

3ᵉ *exercice.* — Monter à la planche d'assaut à l'aide des mains et des pieds, les extrémités supérieures et inférieures agissant alternativement, et descendre en arrière de la même manière.

4ᵉ *exercice.* — Le même exercice, les extrémités supérieures et inférieures agissant simultanément.

5ᵉ *exercice.* — Monter à la planche d'assaut à l'aide des mains et des pieds, les extrémités supérieures et inférieures agissant simultanément, faire demi-tour et descendre en avant de la même manière.

6ᵉ *exercice.* — Monter à la planche d'assaut à l'aide des pieds seulement, faire demi-tour et descendre en avant. (La planche inclinée au maximum de 45 degrés.)

Saut à la perche.

En largeur et profondeur, d'un point élevé.

Passage de rivière.

1ᵉʳ *exercice.* — Se lancer en avant, avec la corde, les jambes un peu raccourcies.

2ᵉ *exercice.* — Se lancer en avant, avec la corde, les jambes placées horizontalement.

3ᵉ *exercice.* — Se lancer en avant, se retourner au bout de la course et revenir se placer au point de départ.

4ᵉ *exercice.* — Se lancer en avant, en levant les jambes, et sauter le plus loin possible au bout de la course.

Cordes lisses, simples ou doubles, horizontales ou en plan incliné.

1ᵉ *exercice.* — Passer sur une corde lisse horizontale, ou inclinée, à plat ventre, à droite et à gauche.

2ᵉ *exercice.* — Passer au-dessous d'une corde lisse, horizontale ou inclinée, en s'y accrochant avec les mains et les jambes, sans que celles-ci abandonnent la corde.

3ᵉ *exercice.* — Passer en avançant à l'aide des mains, étant accroché par un jarret.

4ᵉ *exercice.* — Passer en s'accrochant alternativement par les jarrets, en marchant, ou grimpant, à l'aide des mains.

5ᵉ *exercice.* — Monter à une corde inclinée à la force des bras, en avant et en arrière.

6ᵉ *exercice.* — Monter à deux cordes parallèles inclinées, en arrière et en avant, à l'aide des mains seulement.

7ᵉ *exercice* — Monter et descendre entre deux cordes inclinées, en s'appuyant uniquement sur les mains.

Bascule brachiale.

Poutre horizontale mobile (à un mètre environ du sol).

1ᵉʳ exercice. — Passer à cheval en avant.

2ᵉ exercice. — Passer à cheval en arrière.

3ᵉ exercice. — S'asseoir sur la poutre et se mouvoir de côté.

4ᵉ exercice. — S'enlever sur les poignets, face à la poutre, et se mouvoir de côté.

5ᵉ exercice. — Étant à cheval, se mouvoir sur les mains, en avant et en arrière.

6ᵉ exercice. — Faire face en arrière, étant debout sur la poutre.

7ᵉ exercice. — Marcher debout, s'arrêter, se placer à cheval et se remettre debout.

Différentes manières de descendre de la poutre.

1ᵉʳ exercice. — Étant à cheval, passer la jambe droite par-dessus la poutre et descendre.

2ᵉ exercice. — Étant assis, sauter en avant.

3ᵉ exercice. — Étant debout, sauter en avant.

Planches à rainures.

1ᵉʳ exercice. — Se suspendre par les doigts, en les accrochant dans une seule rainure.

2ᵉ exercice. — Se porter latéralement vers la droite et vers la gauche, les mains étant accrochées dans la même rainure.

3ᵉ exercice. — Monter en accrochant alternativement chaque main à la même rainure et descendre de même.

4ᵉ exercice. — Monter en accrochant alternativement les mains à une rainure différente et descendre de même.

5ᵉ exercice. — Monter par saccades et descendre de même.

———

Note complémentaire sur la gymnastique orthopédique par M. le docteur Bouvier, de l'académie de médecine, membre de la commission de gymnastique.

§ 1ᵉʳ. La commission de gymnastique a pensé que les instituteurs et professeurs destinés à enseigner la gymnastique dans les écoles et dans les lycées devaient posséder quelques notions sur la gymnastique orthopédique, c'est-à-dire sur les effets des exercices du corps par rapport à sa conformation et aux défauts qu'elle peut présenter.

La gymnastique orthopédique a pour but d'accroître l'action de certains muscles par l'exercice, afin de prévenir ou même de corriger les positions vicieuses des différentes parties du corps.

Un grand nombre de maladies, d'accidents, de vices d'organisation donnent à nos membres, à la tête ou au tronc, des positions défectueuses que la gymnastique ne saurait guérir, qu'elle peut quelquefois atténuer, et que, dans d'autres cas, elle ne ferait qu'aggraver.

C'est au médecin qu'il appartient de distinguer ces circonstances si opposées et de déterminer celles où la gymnastique orthopédique peut se montrer efficace ou utile, soit comme remède unique, soit comme moyen adjuvant, pour faire disparaître les défauts de conformation, ou tout au moins pour les rendre moins sensibles et en arrêter les progrès.

L'intervention d'exercices musculaires spéciaux étant reconnue nécessaire, il restera à établir quels muscles devront être plus particulièrement mis en jeu, et quels mouvements provoqueront plus sûrement leur action.

Cette question est quelquefois très-facile à résoudre, même pour les personnes les plus étrangères à la science de l'organisme humain; sa solution exige au contraire, dans certains cas, une observation délicate, attentive, appuyée sur des connaissances physiologiques profondes.

Les muscles à exercer, les mouvements à accomplir une fois déterminés, il devient aisé de choisir dans l'innombrable variété des exercices, de les modifier, d'en créer même de nouveaux, de manière à satisfaire amplement à toutes les indications. Même dans l'enseignement commun de la gymnastique, il ne nous paraît pas impossible d'appliquer la plupart de ces données, soit en réunissant les élèves qui présentent les indications semblables, soit en faisant connaître à certains élèves ce qu'ils devront observer de particulier dans la pratique des exercices communs. Il sera du moins toujours facile de leur interdire, parmi ces exercices, ceux qui seraient contraires à leur état physique, et d'insister sur ceux qui seront le plus favorables au développement régulier de leurs formes.

Tout exercice gymnastique, si simple qu'il soit, se compose au moins de deux mouvements alternatifs opposés et souvent d'un bien plus grand nombre s'opérant dans diverses directions. Or, excepté quand il s'agit de développer la totalité d'un membre plus faible que le reste du corps, presque toujours il convient, dans la gymnastique orthopédique, de réduire le plus possible l'effort qui se produit dans un sens, et de donner au contraire une grande énergie à l'effort opposé. C'est ce que le commandement peut indiquer, en glissant lentement sur l'un des temps de l'exercice, et en accentuant l'autre temps avec plus ou moins de force. On peut aussi faire prédominer un mouvement sur tous les autres en lui donnant plus d'étendue, plus de durée, plus de fréquence qu'à ceux-ci; on peut encore faire garder à une partie du corps une attitude, une position déterminée, pendant que le reste du corps exécute, comme chez les autres élèves, les exercices communs. En un mot, l'égalité des temps, des mouvements, des efforts, répartis dans la gymnastique ordinaire, avec la même mesure sur les différentes parties du corps, est remplacée, dans la gymnastique orthopédique, par une *inégalité* calculée de manière à détruire ou à contre-balancer l'inégalité qui existe ou qui tend à s'établir entre les puissances desquelles dépendent les diverses positions de nos organes.

§ 2. Appliquons ces principes à quelques cas particuliers en passant en revue les principales régions du corps.

1° *Tête.* Rien de plus commun que de voir des enfants et surtout des adolescents des deux sexes laisser tomber habituellement leur tête en avant, en même temps qu'ils arrondissent le dos et les épaules et qu'ils resserrent le devant de la poitrine. Cette attitude disgracieuse augmente trop souvent avec l'âge et finit par devenir une véritable difformité, si elle n'est pas combattue de bonne heure.

Ici l'indication est facile à saisir.

Insister sur le port élevé de la tête, recommandé dans les stations et marches militaires;

Faire diriger la vue au-dessus de soi dans les suspensions, ascensions et balancements du corps;

Dans les exercices de la position horizontale, le dos en dessus comme dans la natation, faire relever fortement la tête en arrière;

Dans tous les exercices préparatoires avec mouvements de flexion en avant et de redressement en arrière, donner très-peu de force et d'étendue à la flexion du corps ou de la tête et faire faire les extensions avec toute l'énergie et l'étendue possibles. C'est ce qu'on fera comprendre par la manière de commander les deux *temps* opposés;

Se servir de la même façon des mouvements des bras et des épaules libres ou chargées d'instruments; car, en portant fortement les membres supérieurs en arrière, on fait agir concurremment les extenseurs de la tête et du tronc;

Créer des exercices spéciaux pour provoquer encore plus directement cette action des extenseurs, par exemple, en faisant développer les membres supérieurs de bas en haut jusque par-devant le visage, de manière que la tête se relève en même temps en arrière, la main rasant la figure; en appliquant une résistance derrière la tête ou le dos, soit les mains mêmes de l'élève, soit les mains du professeur, que la tête ou le tronc doivent repousser en arrière. Tout autre obstacle à surmonter et à faire repousser en arrière par l'effort de la tête peut conduire au même but. Porter des fardeaux légers sur la tête convient aussi dans ce cas, si le sujet réagit fortement pour ne pas laisser fléchir la tête en avant. Il en est de même de la descente d'un plan incliné droit devant soi et de son ascension à reculons.

La tête penche quelquefois de côté. Si ce n'est qu'une habitude vicieuse, la gymnastique peut y remédier.

Il suffit pour cela d'exercer presque exclusivement les muscles du côté opposé.

Dans ce cas, le *temps* énergique, prolongé, des exercices sera celui qui incline la tête dans ce dernier sens. Le bras, l'épaule de l'autre côté, seront toujours élevés dans tous les exercices où ils ont à agir pour repousser la tête dans une meilleure position. On peut, au contraire, dans les stations et les marches, faire placer l'autre main par-dessus la tête, sur la tempe et l'oreille opposées, de manière à tenir la tête forcément de côté. On utilise au besoin les résistances, comme dans la flexion antérieure, d'après le système des mouvements actifs-passifs et passifs-actifs de Ling, pour accroître les contractions des muscles relâchés.

Les mêmes principes sont applicables aux rotations exagérées habituelles de la tête à droite ou à gauche, quand une lésion organique ne s'oppose pas invinciblement aux effets de la gymnastique.

2° *Tronc.* De même que pour la tête, le défaut le plus ordinaire est ici la flexion en avant, produisant ce qu'on appelle le *dos voûté.* Il y a presque toujours, avec cette flexion du tronc, flexion plus ou moins prononcée de la tête.

Comme la tête et le haut du tronc se meuvent presque toujours simultanément, le genre d'exercices que j'ai indiqué pour la flexion de la tête en avant convient aussi pour corriger la flexion du tronc dans le même sens. Il faut de même éviter ou amoindrir les mouvements de flexion en avant, annihiler en quelque sorte ou réduire au moins autant que possible l'action des muscles antérieurs et fortifier par des contractions répétées et soutenues l'action des muscles du dos.

La position, les mouvements des membres supérieurs agissent encore plus directement sur l'extension du tronc que sur celle de la tête. C'est donc surtout dans la tendance à la voussure du dos qu'il importe de provoquer, dans les exercices, les mouvements des bras et des épaules en arrière, de leur donner le plus d'étendue, le plus d'énergie possible, à l'exclusion de la plupart des mouvements de ces parties en avant.

Parmi les exercices spéciaux, rappelons les bons effets de l'escrime, du saut en arrière, de l'échelle dite *orthopédique,* pour faire agir avec force les muscles redresseurs du tronc.

Les exercices de la respiration, seuls ou entremêlés avec d'autres exercices, sont aussi très-propres à combattre l'inclinaison habituelle du tronc en avant. Les grands mouvements d'inspiration font en effet relever le haut du tronc, parce que cette attitude favorise l'agrandissement de la cavité de la poitrine.

Il arrive souvent que, en même temps que le haut du corps se penche en avant, la partie inférieure du tronc se porte en arrière ; le ventre devient alors saillant, les hanches se dirigent en avant et les genoux se fléchissent légèrement. Il faut, dans ce cas, combiner les mouvements des reins, des hanches et des membres inférieurs avec ceux des parties supérieures du corps, pour obtenir une attitude plus régulière, telle que la position du soldat sans arme, où l'on a soin de faire *rentrer la ceinture*, de ne pas laisser avancer le ventre ni trop creuser les reins, tout en faisant effacer les épaules et relever le menton.

L'habitude de pencher le corps à droite ou à gauche se corrige par tous les efforts dans le sens opposé. On remarquera que l'élévation d'un des membres supérieurs, le port de fardeaux par ce membre, la station, le saut sur un seul pied, l'abaissement d'une hanche, dans la station, par la demi-flexion de l'un des membres inférieurs, s'accompagnent de flexion latérale du tronc en sens contraire, et on tirera parti de cette circonstance et de quelques autres analogues dans cette application particulière de la gymnastique.

Les exercices respiratoires sont encore utiles dans ce cas, lorsqu'on les dirige de manière à développer et à dilater plus largement le côté de la poitrine le plus resserré.

On n'oubliera pas que ces diverses actions musculaires ne sauraient être aussi efficaces et pourraient même être nuisibles, si l'inclinaison latérale du tronc dépendait en tout ou en partie d'un changement organique dans la conformation des vertèbres et de leurs ligaments. Ce serait alors au médecin à juger dans quelle mesure et suivant quel mode la gymnastique pourrait encore rendre quelques services.

La rotation habituelle du tronc dans un même sens, quand elle n'est pas le résultat d'une torsion *organique* de l'épine dorsale, se lie presque toujours à la position habituelle de l'un des membres supérieurs ou inférieurs ; c'est donc cette dernière position que l'on doit corriger dans ce cas.

3° *Membres.* — L'inégalité si fréquente du développement, de la force, de l'adresse de deux membres congénères doit fixer l'attention du professeur de gymnastique. Une fois qu'il l'aura reconnue, il lui opposera, le plus souvent avec avantage, un exercice plus actif, plus répété, plus énergique, du membre le plus faible ou le moins habile. Pour cela il indiquera à l'élève quelques modifications très-simples dans la manière d'exécuter les exercices communs, outre que des exercices spéciaux pourront lui être recommandés.

L'attache, presque toute musculaire, des membres supérieurs au tronc par les épaules est susceptible de plusieurs irrégularités, indépendamment de celles qui sont produites par des vices organiques.

La plus ordinaire est l'élévation exagérée des épaules, qui fait panaître le col court et comme enfoncé. La gymnastique lutte contre cette élévation par tous les mouvements qui font agir les abaisseurs des épaules. Les exercices des bras se feront avec force dans tous les *temps* où l'abaissement s'effectue, et les *temps* opposés seront au contraire peu marqués. On fera peu élever les bras dans les suspensions et ascensions, pendant lesquelles le tronc sera supporté par une contraction très-active, et non par la seule résistance des membres supérieurs étendus, qui remonteraient trop, dans cette position, sur les côtés du cou. On évitera d'ailleurs celles de ces suspensions qui détermineraient l'élévation des épaules.

La situation des épaules trop en avant se rattache à la voussure du dos, dont il a été question plus haut.

L'inégalité de hauteur des épaules est généralement un effet des inclinaisons latérales du tronc, et elle s'efface avec ces dernières.

Une épaule, avec le membre qui lui est appendu, peut être habituellement plus en avant que l'autre. Il en est quelquefois de même aux hanches dont l'une avance plus que l'autre avec le membre correspondant. Cette position irrégulière fait paraître le tronc comme tourné de côté ou comme tordu sur lui-même. C'est souvent le signe d'une déformation des vertèbres, contre laquelle les exercices gymnastiques ne peuvent rien. Dans le cas contraire, il suffit d'avoir constaté ce défaut pour en déduire le sens des mouvements qui doivent lui être opposés.

Les hanches sont souvent d'inégale hauteur, parce que l'un des membres inférieurs est habituellement demi-fléchi, et que l'autre, seul tendu, supporte le tronc. Cela entraîne, dans l'attitude de tout le reste du corps, d'autres irrégularités que l'on fait disparaître en corrigeant la position vicieuse des jambes. On y parvient par tous les exercices propres à habituer l'élève à porter le corps sur le membre qu'il emploie le moins à cet usage. Ces exercices, le professeur les reconnaîtra aisément dans la série des exercices communs.

Il trouvera de même, sans sortir de cette série, des exercices capables de faire tourner les pieds en dehors aux élèves qui les porteraient trop en dedans, et réciproquement; de faire baisser la pointe du pied à ceux qui marcheraient trop sur les talons; de faire rapprocher les jambes de ceux qui les auraient habituellement trop écartées, etc.

Il pourra de la même manière assouplir les articulations de ceux dont les membres seront trop roides, et faire mieux tenir dans l'extension les jointures trop molles et trop disposées à se fléchir, en insistant soit sur l'action des fléchisseurs, soit sur celle des extenseurs.

Nous nous bornerons à ce petit nombre d'exemples pour montrer comment la gymnastique peut devenir *orthopédique* et contribuer à la bonne conformation du corps, et nous terminerons ces considérations en rappelant quelques règles générales, nécessaires pour assurer le succès des exercices à ce point de vue spécial.

Les exercices gymnastiques sont dirigés par l'instituteur ou par un maître spécial. Ils sont suivis par tous les élèves qui n'en ont pas été dispensés par le maire sur le certificat d'un médecin.

Art. 6. Des secours pourront être accordés sur les fonds de l'État aux communes qui feront établir des appareils de gymnastique pour leurs écoles.

Art. 7. Sur la proposition de l'inspecteur d'académie, le conseil départemental fixe le nombre des leçons à donner par semaine aux élèves des écoles primaires, ainsi que les jours et heures de ces leçons.

TITRE III.

DES ÉCOLES NORMALES PRIMAIRES.

Art. 8. L'enseignement de la gymnastique est obligatoire dans les écoles normales primaires et dans les écoles primaires qui leur sont annexées. Cet enseignement est donné conformément au programme n° 3 ci-annexé pour les écoles normales, et au programme n° 1 en ce qui concerne les écoles primaires, sauf les dispenses individuelles accordées par le médecin attaché à l'établissement.

Art. 9. Les appareils de gymnastique nécessaires pour la complète exécution du programme n° 3 seront établis dans toutes les écoles normales primaires.

Art. 10. Un maître de gymnastique, nommé par le Ministre, est attaché à chaque école normale primaire.

Le maître de gymnastique de l'école normale peut être chargé par le recteur d'enseigner aux instituteurs, réunis à cet effet au chef-lieu de canton, le mode d'exécution du programme à suivre dans les écoles primaires.

TITRE IV.

DISPOSITIONS GÉNÉRALES.

Art. 11. Une commission de cinq membres, nommée par le Ministre de l'instruction publique, est instituée au chef-lieu de chacune des académies pour examiner les candidats qui veulent obtenir un *certificat spécial d'aptitude à l'enseignement de la gymnastique*. Ce certificat est délivré par le Ministre sur le rapport de la commission. Un arrêté du Ministre détermine les formes et les conditions de l'examen.

IMPRIMERIE IMPÉRIALE. — Mars 1869.

www.ingramcontent.com/pod-product-compliance
Ingram Content Group UK Ltd.
Pitfield, Milton Keynes, MK11 3LW, UK
UKHW020013100726
13658UKWH00002B/943